路田泰直・奥村 弘・小林啓治

法と歴史学

改正論争の始まりに際して―

ゆまに書房

刊行にあたって

昨年秋の総選挙を機に、にわかに憲法改正にむけての動きが活発になってきたが、そうした動きを見るにつけ、ふと考えてしまうのは日本国憲法というのは、意外としたたかな憲法なのではないか、ということである。

第九条【戦争の放棄、戦力の不保持、交戦権の否認】① 日本国民は、正義と秩序を基調とする国際平和を誠実に希求し、国権の発動たる戦争と、武力による威嚇又は武力の行使は、国際紛争を解決する手段としては、永久にこれを放棄する。

② 前項の目的を達するため、陸海空軍その他の戦力は、これを保持しない。国の交戦権は、これを認めない。

この第九条の二項に「前項の目的を達するため」という但し書きがあることによって、「国際紛争を解決する手段」としての戦力保持は違憲ではあっても、自衛のための戦力保持は違憲ではないという解釈が成り立ち、自衛隊という名の軍隊が今日合法化されていることはよく知られているが、最近では次の第九八条及び、

第九八条【憲法の最高法規性、国際法規の遵守】① この憲法は、国の最高法規であつて、その条規に反する法律、命令、詔勅及び国務に関するその他の行為の全部又は一部は、その効力を有しない。

② 日本国が締結した条約及び確立された国際法規は、これを誠実に遵守することを必要とする。

次の前文を根拠に、国際貢献のためであれば——国際社会の一員として行動するのであれば——、海外派兵もまた当然との解釈が一般化しつつある。

日本国民は、恒久の平和を念願し、人間相互の関係を支配する崇高な理想を深く自覚するのであつて、平和を愛する諸国民の公正と信義に信頼して、われらの安全と生存を保持しようと決意した。われらは、平和を維持し、専制と隷従、圧迫と偏狭を地上から永遠に除去しようと努めてゐる国際社会において、名誉ある地位を占めたいと思ふ。われらは、全世界の国民が、ひとしく恐怖と欠乏から免かれ、平和のうちに生存する権利を有することを確認する。

われらは、いづれの国家も、自国のことのみに専念して他国を無視してはならないのであつて、政治道徳の法則は、普遍的なものであり、この法則に従ふことは、自国の主権を維持し、他国と対等関係に立たうとする各国の責務であると信ずる。

イラク派兵にあたり小泉純一郎首相がこの憲法前文に殊更言及したのは、そうした現状を踏まえてのことであった。ただし今回のイラク派兵自体が合憲かどうかは未だ論争のあるところだが。

そして重要なことはそうした憲法解釈が、決して後付の解釈——解釈改憲的解釈——ではなく、最初から予定されていた解釈であったということである。前者の「前項の目的を達するため」との但し書きがあることによって、憲法第九条は決して自衛のための戦力保持までは禁じていないとの解釈は、そもそもその但し書きを挿入した時点において、挿入者芦田均の明瞭に意図していたところであったし、後掲の顕原善徳の論考によれば、後者の第九八条および前文の解釈も、帝国議会における憲法審議の最終段になって憲法に第九八条を忍ばせた外務官僚たちの、明瞭に意図していたところであった。

芦田は、マッカーサーの手になる憲法第九条の草案を示されたとき、その『日記』に次のように記していた。「米国案は主義として日本案と大差無し」（『芦田均日記』第一巻、岩波書店、一九八六年、七七ページ）、あるいは「戦争廃棄といひ、国際紛争は武力によらずして仲裁と調停とにより解決せらるべしと言ふ思想は既に Kellog Pact（パリ不戦条約・小路田）と Conenant とに於て吾政府が受諾した政策であり、決して耳新しいものではない。敵側は日本が此等の条約を破つたことが今回の戦争原因であつたと言つてゐる。……松本先生は修正案を再修正するが時間的に不可能なりと申さるるが Prof. Preuss は Weimar 憲法の起草を委嘱されて三週間の間に之を書き上げた。松本先生の学識と経験とを以てすれば必ずしも不可能とは思はれぬ。是非最善を尽されむことを望む。」（同前、八〇ページ）と。芦田が憲法第九条の精神を、自衛以外の戦争（侵略戦争）を禁じたパリ不戦条約の精神と同レベルのものと捉えていたことがわかる。自衛権を放棄する意思など全くなく、彼が戦争放棄条項を受け入れていたことがわかる。その彼の感性が第九条二項の但し書きを生んだのである。

憲法は、誕生の段階で、既に今日あるを予想していたといっていい。そして再軍備と海外派兵の準備を、言わず語らずのうちに行っていたのである。それをしたたかといわずに、何をしたたかというのだろうか。

ではそのしたたかさの意味するところは何か。憲法制定過程に関する次の通説が、必ずしも正確ではないということである。「松本私案が非民主的な内容であることを、すでに新聞報道（二月一日）によって把握していた総司令部は、マッカーサー三原則のもと、自ら草案作成に着手する（同三日・同十日完成）と、日本側の改正草案要綱の受け取りを拒否し、これに代わるマッカーサー草案を政府に与え（あるいは、これをほぼ無修正のまま政府に押しつけ）（同十三日）、日本政府は、これをほぼ無修正のまま政府案として発表した（三月六日）。国民は、民主的で進歩的な憲法の登場を喜び、戦後の日本は戦前と一八〇度異なるシステムを手に入れたのである。」（井上ひさし選・日本ペンクラブ編『憲法を考える本』光文社、一九九七年、二四ページ）との通説が、である。マッカーサー司令部が日本政府に押し付けた憲法草案（マッカーサー草案）は、当時の日本政府にとってはおよそ理解し難いほど進歩的な内容の憲法草案であり、日本政府はただ言われるままに従うしかなかったとの通説が、必ずしも的を射た説ではなかったということである。

確かに最初マッカーサー草案に接した時、日本政府はそのラディカルさに驚いた。しかしそれを受け入れる段階になると、すでにマッカーサー草案が、一部を除いて、それまで日本政府の内部で検討してきた憲法改正案と、さほどかけ離れた内容のものでないことを見抜いていた。だからこそ、先の第九条二項の但し書きや、第九八条のような条項を、将来に備えて憲法に挿入する余裕をもったのである（清田紀子「戦後初期における日本国憲法をめぐる動きについての一考察」奈良女子大学文学部比較歴史社会学講座二〇〇〇年度卒業論文）。

日本国憲法を、ひたすらGHQに結集したニューディーラーたちの理想主義の賜物のようにいい、それを受け入れた日本政府を、およそ保守反動政府でしかなかったかのようにいうのは、決して正しくないのである。それは、所詮はつくられた物語に過ぎない。日本国憲法の制定は、一面において確かに日本政府の主体的選択の結果でもあったのである。それが大日本帝国憲法の改正という形で制定されたことには、それなりの意味があったのである。

さて、それではその日本国憲法のしたたかさの示していることは何か。一つは、護憲派と呼ばれる勢力の幅の広さである。それはそれほど狭い勢力ではないということである。憲法第九条を完全な意味での戦争放棄条項とみなし、自衛隊の違憲性を唱えてきた人たち——従来一般に護憲派と思われてきた人たち——も護憲派だが、所詮はそれはパリ不戦条約（一九二八年）同様の侵略戦争の禁止規定にすぎないと判断し、自衛隊が合憲であることは当然、その海外派兵までもある条件下では認められるとしてきた人たちも護憲派だということである。護憲派には日本共産党から自由民主党や民主党の一部までを含む、きわめて大きな幅があるということである。

したがって現下の情勢において、護憲の主張を貫くために日本共産党が——あるいは今はなきかつての日本社会党が——、自衛隊の合法性を認めたとしても、それはそもそもありうる戦術だったのである。

そして今一つは、日本国憲法は、それがいかに表面的にはアメリカの圧力の下で制定された憲法のように見えても、その強制を受け入れたこと自体には、やはり日本人の主体的選択があったということである。自衛隊を合憲と見、その海外派兵さえ正当化する考え方が憲法制定当初から用意されていたことをみればそれがわかる。象徴天皇制にしたところで「米国案は憲法を Proclaim するのは天皇であるとしてゐるし、第一条は天皇が相承けて帝位に留られることを規定して居る。従つて日本案との間に越ゆ可らざる溝ありとは信じない。むしろ米国案は天皇護持の為めに努めてゐるものである。吾等が……主権在民を明記したのは、従来の憲法が祖宗相承けて帝位に即かれるといふことから進んで国民の信頼に依つて位に居られるといふ趣意を明かにしたもので、かくすることが天皇の権威を高からしめるものと確信する。」(『芦田均日記』第一巻、七八〜七九ページ)とのマッカーサーの申し出に対して、芦田均らが「旧来の欽定憲法と雖、満州事変以来常に蹂躙されて来た。欽定憲法なるが故に守られると考へることは誤である。」(『芦田均日記』第一巻、八〇ページ)との、満州事変以来の経験の総括をふまえて受け入れた条項にすぎなかったからである。決して天皇制を無意味化させてしまうために設けられた条項などではなかったからである。

では以上二つのことが示していることは何だったのか。日本国憲法の押し付け性、非現実性をいい、カリカチュア化するだけで、あらゆる改憲論が無条件に正当化されるなどといったことはありえないということである。現在改憲の必要を唱える人たちでさえ、日本国憲法から大きな影響を受けていることをみれば、それがわかる。

では以上のことを前提にしたとき、過剰な護憲派の矮小化を行うことなく、正常な形で護憲、改憲の論争を行うために、我々は何をしたらいいのか。

あらゆることを論ずるときの王道にまず立ち帰らなくてはならない。なぜ我々は日本国憲法のような、ある意味で特殊な憲法を戦後持ったのか、また現代までそれを持ち続けてきたのか、それを大日本帝国憲法制定以来の日本憲政史上に、きちっと位置づけなくてはならないのである。

ほとんど常識化してきた「押し付け憲法論」に災いされて、我々はこれまで日本国憲法、もしくは日本国憲法体制を大日本帝国憲法以来の日本憲政史の上に正当に位置づけることをしてこなかった。左派も右派も、である。左派は「八月革命論」——一九四五年八月一五日は革命と同じ断絶をこの社会にもたらしたとする宮沢俊義ら法学者を中心に語られた説——に災いされ、右派はまさに「押しつけ憲法論」そのものに災いされて、である。いずれにしても日本国憲法を、大日本帝国憲法とは切断したところで捉えすぎてきた。まずその現状を乗り越えなくてはならないのである。

たとえ戦後の憲法体制がどれほど〝ねじれ〟ていても、その〝ねじれ〟の中を我々日本人は六〇年も生きてきたのである。その生に偽りはなかったはずである。であればその生が、それ以前の生と全く無関係な生だとは、考えにくい。それは、左派がいうほど理想的な生でもなかったろうが、右派がいうほど偽りに満ちた生でもなかったはずである。

要は、日本国憲法の成立を、それがよき出来事であったか悪しき出来事であったかは別として、外から与えられた偶然とはとらえずに、内なる必然として捉え、その上で、それをこれからも護っていくべきか、否変革していくべきかを論じなくてはならないのである。それだけの重みをもって日本国憲法はこの社会に定着しているからである。

本シンポジウムはそのために行われる。憲法は改正すべきか、すべからざるか、改正すべきとしたらいかに改正すべきかといった、これから国民的規模で展開される議論に、歴史学の立場からいささかなりとも貢献するために、である。

この国の歴史学はこの一〇年間、ラディカル（根源的）なナショナリズム批判に終始してきた。しかし考え方がラディカルすぎて、ナショナリズムを全否定していたのでは成り立たない憲法論争のようなことには、いささかの関心も示してこなかった。国民主権などといったことをいうこと自体、ナショナリズムに奉仕することだといった深遠すぎる言い回しを何度聞いたことか。

しかし現実に役立たなければ歴史学とはいえ存在価値を失う。高踏的ならざる歴史家は、低俗といわれようと、卑俗といわれようと、一日も早くこれから行われる憲法論争にコミットする準備をしなくてはならない。本シンポジウムはそのための準備の第一歩でもある。

我々の研究のストックからいっても、議論の大半は大日本帝国憲法体制の評価に割かれざるをえなかったが、真意は日本国憲法体制の本質を見通すための議論だということを念頭に読んでいただければ幸いである。少しでも国民的議論の礎になればと、思っている。

二〇〇四年三月

小路田　泰直

目　次

報告

国際社会と近代的主権

小林 啓治

Ⅰ 近代的主権の終焉?

現在の憲法をめぐる議論を考察する際に考慮しなくてはならないのは、グローバリゼーションの進展のもとで主権国家がいかなる変容を迫られているのかという点である。それを押し広げてみると、一般にウェストファリア会議によって形成されたといわれる主権国家システムそのものの変容、世界秩序の構造的変動といった問題に突き当たる。鈴木一人は、国際政治学や国際関係学での理論的研究を整理しつつ、「われわれが問題とするのは、国家が国際システムのなかで協調するのか、対立するのかではなく、国際システムそのものがどのような変容を遂げているのか、その変容をもたらすダイナミズムはどこから生成されるものなのか、ということである。われわれが現代の国際政治を観察するさいに、『主権国家システム』そのものが分析概念としてどこまで有効なのかを再度問うことが必要なのである」[1]と述べている。

13 国際社会と近代的主権

こうした指摘を踏まえれば、憲法問題を改憲か護憲かという視点からではなく、主権国家の変容のもとで憲法はいかにあるべきかという視点から根本的に再考することが要請されていると思われる。とはいえ、そうした課題に対して全面的な解答を提示することは筆者の能力をはるかに超えており、またそれが歴史学の責任であるとも思われない。本稿ではひとまず、一九世紀以降の主権国家システムの展開と変容のもとで、日本の憲法体制がどのように位置づけられ、また歴史的役割を果たしたかについて考察する手がかりを提示することを課題としておきたい。

本論に入る前に冒頭にあげた問題をもう少し深めておきたい。主権国家システムないし主権の変容に関する諸説の中で、まず検討しておきたいのはネグリとハートの議論である。彼らは、その共著『〈帝国〉』において、「植民地主義の終焉と国家の諸権力の衰退とは、近代的主権のパラダイムから〈帝国〉の主権のパラダイムへといたる全般的な移行を示している」[2]とする。近代的主権と〈帝国〉的主権の差異については、次のように述べている。一六世紀以降のヨーロッパにおいて発展した近代的主権は、空間を境界づけられたものとみなし、その限界はつねに主権にもとづく行政によって取り締まられていた。まさに近代的主権は、限界＝境界のうえに存する。これとは対照的に、「〈帝国〉的構想においては、権力は自らが拡大してゆくなかでその秩序の論理がつねに更新され、つねに再‐創造されるのを見出す」[3]。いいかえると、「近代からポスト近代への移行および、帝国主義から〈帝国〉への移行のなかで、内部と外部のあいだの区別が段々となくなってきているのである」[4]。

こうした歴史的経過を踏まえて、彼らは主権国家システムが根本的に変容しているととらえ、現代の世界を秩序づけている権力の構造の新しさに着目し、「〈帝国〉は近代帝国主義の弱々しい反響なのではなく、根本的に新しい支配形態」[5]だとする。その新しさとは何か。少し長くなるが『〈帝国〉』から引用しよう。

> 私たちの考えでは、それらの現実的かつ重要な〔帝国主義との〕連続性を示す線を過小評価することなく、次の点に留意することが必要である。すなわち、**かつては帝国主義的列強間の抗争や競争であったものが、いくつかの重要な点で、単一の権力という理念に取って代わられてきている**という点である。そして、この単一の権力は、それらすべての列強を重層的に決定し、統一的な仕方でそれらを構造化するとともに、決定的な意味でポスト植民地主義的かつポスト帝国主義的なものである法権利に関するひとつの共通概念のもとでそれらを取り扱うのである。……つまり、〈帝国〉とは、法権利の新たな概念というよりはむしろ、権威の新たな刻印のことであると同時に規範の産出のための新たな企てのことであり、そしてまた、契約を保証し紛争を解決することの可能な強制権からなる法的機関の産出のための新たな企てのことなのである（傍点は引用者。以下同様）[6]。

ここでは、列強間の抗争や競争からそれらを超越した単一の権力という理念への変化が強調されていることが注目される。〈帝国〉の概念は、ブッシュ政権下のアメリカの単独行動主義を意味する帝国とは異なる。〈帝国〉においてアメリカは特権的な地位を占めているものの、アメリカ合衆国ないしアメリカ資本がそれを統制しているわけではない。著者の一人ハートは次のように述べている。

これ〈〈帝国〉—引用者注〉はさまざまな権力のネットワークをうちに含む支配の新たな形態であり、主要な国民国家だけでなく企業や文化的エリートをも組み込んだ権力のネットワークで、例えばWTOやIMFなどのような国民国家の枠を超えた経済組織や、G7に代表される主要な国民国家（経済）、また多様なNGOや主だったトランス・ナショナルな大企業が一体となって機能する、中心なきネットワークです。[7]

こうした権力のネットワークにはもちろん階層序列が存在するが、肝心なことは、「いくつもの媒介的な結び目（ノード）が相対的な自律性を保ちながらコミュニケート」し、「一体として相互媒介的に機能」していることである。[8]

『〈帝国〉』でのネグリ、ハートの議論は新しい権力形態の把握に力点を置くあまり、〈帝国〉における国民国家の位置と役割について不鮮明な点があることは否めない。しかし、彼らのいう〈帝国〉の権力形態をすべて承認しないまでも、主権国家（あるいは国民国家）の位置と役割が大きく変化していることは間違いないと思われる。とすれば、私たちはウェストファリア型の近代的主権のあり方を前提に憲法を考察するのではなく、主権の歴史的変容と関係づけて憲法を考察する視点をもたなくてはならないだろう。

ここでもう一つ、現代世界における主権の変容と世界秩序を考察しているヘルドの議論を簡単に見ておこう。ヘルドは、グローバリゼーションと国民国家のかかわりについて次のように述べている。

近代民主主義システムの擁護者にとっても批判者にとっても共に問題なのは、地域的でグローバルな相互連関性が、民主主義理論や民主主義的実践にとっての主要問題に対する伝統的で国家的な解決方法の正当性を揺るがしているということなのである。まさに、統治の過程が、国民国家の手から逃れる可能性がある。国家的な共同社会はけっして自らの決定や政策を排他的につくり、決めることはできないし、政府はけっして、その市民たちにとって妥当なものが何であるのかを排他的に決定することはできない。……地域的かつグローバルな相互連関性が見られる世界にあっては、国家的意思決定の実体そのものの一貫性や実行可能性、応答可能性に対して、重大な疑問が生じているのである。[9]

地域的かつグローバルな相互連関が進展している現在の世界においては、国家の枠組みを所与のものとする民主主義理論や民主主義的実践では、民主主義を十全に思考、実現できないことが指摘されている。ヘルドも、国家的意思決定の自律性がいたるところで侵食され、主権国家システムが大きく変容しているととらえているが、ネグリ、ハートとは異なって国家の役割も重視している。ヘルドは、近代国家それ自体の廃棄がもたらされるわけではないとし、「近代国家は、政治的諸条件、政治的諸関係、政治的結社からなるより大きな枠組みの中の一つの構成要素として真価を認められつつある」と述べている。[10] 民主主義が将来的にその妥当性を保持するためには、民主主義に準じる諸国家の中、あるいは間で拡大、深化しなければならないが、そのためには「国際的なコスモポリタン民主主義」が必要だということが強調されている。[11]

憲法問題に即していえば、政治的共同体（国家）内部の民主主義的公法[12]は、「コスモポリタンな民主主義法」によって強化され、支えられなければならない。「コスモポリタンな民主主義法」とは、諸国家の法や国際法とは異なる領域に属するものであり、「国家組織や国家機関、経済、市民社会における個人的行為と集合的行為の形態と範囲を定める法的原則」で、「いかなる政治体制ないし結社も正当には侵害しえない、万人の待遇についての一定の基準」を特定したものである。[13] そうしたコスモポリタンな民主主義法を支持する民主主義的な国家と社会による国際的な共同社会、すなわちコスモポリタンな民主主義的共同社会の確立が展望されている。ヘルドの議論は、グローバリゼーションによる近代的主権の変容を前提としてグローバルな民主主義をかなり具体的に構想し、そこから国家的民主主義をとらえかえそうとした点で非常に示唆的である。

このように、ネグリ、ハートおよびヘルドの議論から、グローバリゼーションの進展がもたらす権力的現状に対して相異なる重要な視点を読み取ることができるが、彼らの共通点として指摘できるのは、いずれも近代的主権、または主権国家システムとは何かという点から歴史的かつ根源的に問題を論じていることである。したがって、私も彼らの議論を参照しつつ、近代日本を例にとって近代的主権と主権国家システムの歴史的展開について考察を進めたい。

Ⅱ　近代的主権と主権国家システム

一七世紀以降に西ヨーロッパで成立し、二〇世紀には世界大に広がった近代主権国家とその国際政治システムとしての主権国家システムについて、ヘルドはウェストファリア・モデルとしてその特徴を表1のように、整理している。

表1のモデルは主権国家の自律性に視点を置いて作成されているが、若干補足しておく必要がある。ヘルドは、主権国家システムを主権国家のモザイクとしてではなく、各国家の独立主権の強化と主権国家システムの形成とを同一の過程としてとらえている。各国家が争う余地なき権威を要求するとき、他の諸国家に対しても、国境内における自律性と尊重の資格を平等に付与することを承認せざるをえない。すなわち、国家主権の形成は相互承認の過程を通じてしか実現できないわけである。ヘルドはここまでしか説明していないが、こうして成立した主権国家システムは、ヨーロッパ国際社会として現象し、いったん成立すれば全体として各国家を一定程度規制するようになる点も見逃すべきではない。成立した国際社会から見れば、諸国家は国際社会によって主権を付与されていること

1、世界は、いかなる上位の権威をも認めない主権国家群によって構成され、分割されている。
2、法形成・紛争解決・法執行の諸過程は、その大半が個々の国家の手中にある。
3、国際法は、共存の最低限のルールの確立を志向している。つまり、諸国家間および諸人民間の永続的な諸関係の創出を一つの目的としているが、そのような関係の創出はあくまで国家的な政治目標に抵触しない範囲でのみ許される。
4、国境線上の不法行為に対する責任は、関係する当事者の「私事」である。
5、すべての国家は、法の前に平等であるとされる。法的諸ルールは、権力の非対称性を考慮に入れない。
6、国家間の不和は、最終的には力によって解決される。すなわち、実力の原則が支配している。実力に訴えることを抑制する法的拘束は、事実上存在しない。つまり、国際的法準則は、最小限の保護を与えるのみである。
7、国家の自由への障害を極小化することが、「集団的」優先事項となる。

表1　ウェスト・ファリアモデル
（出典：ヘルド『デモクラシーと世界秩序』98ページ）

とになる。国家の承認は国際社会によって行なわれることを考慮すれば、近代主権国家は国際社会に強く拘束されていると考えられる。

表1の項目2、3、6は、国連憲章モデルとの相違を際立たせるために国家の自律性を強調している。しかし、国際社会によって拘束されているからこそ個々の国家はその自律性を強調せざるをえないのであり、両者は緊張関係にあったととらえる方が適切であろう。日本の近代を事例に考えてみれば、2の法形成は主権国家システムによって強い規定を受けている。不平等条約改正のためにはヨーロッパと同様の近代的諸法典の編纂が必要であり、それらは基本的に「泰西主義」に基づくことが求められた。御雇外国人の助力を得ながら諸法典が編纂されていくことも考慮に入れるならば、国家の自律性とはそうした「泰西主義」を前提としたものでしかありえない。そもそも国家基本法としての憲法そのものが西欧の立憲制を導入しようとしたものにほかならず、「我カ建国ノ体ニ基ツキ海外各国ノ成法ヲ斟酌シテ[14]」編纂の準備が進められたことはいうまでもない。憲法制定過程での自主性は確保されているとはいえ、近代日本は自らを西欧の近代国家になぞらえて国家を構築せざるをえなかった。その意味で主権国家システムの圧力は強大であった。

とはいえ、一九世紀後半のこの時点では、いかなる構造の憲法を制定するかという点での拘束は緩やかであり、いくつかの選択肢が存在した。主権国家システムを構成する欧米諸国においてさえ、フランス型の共和制的憲法から君主権を温存したプロイセン型憲法までのバリエーションが存在したからである。もちろん日本が導入した立憲制は、「個人というものを出発点として社会のなりたちを考え、その個人の尊厳を確保するために、権利保障と権力分立という約束ごと（それが一七八九年宣言一六条のいう「憲法」の意味であった）によって権力をしばる」[15]というものではなかった。伊東巳代治によれば、「抑々憲法ノ大体ノ目的ハ、人民ニ法律上許ス限ノ自由ヲ附与シテ其地位ヲ進メ、以テ国力ト文明トノ元素ヲ鞏固ニ国家ニ収攬スルニアリ」[16]というものであった。
　ここに見出される問題は、主権国家システムにおける普遍と特殊の問題といいかえることができる。次のような伊東の説明は、こうした普遍と特殊の問題を簡明に提示している。

各国ノ憲法ハ、憲法上ノ主要ナル原理ト目的トニ於テ必ズヤ相一致スル所ナカルベカラズト雖モ、各国ノ情勢ニ鑑ミ、其ノ間ノ歴史ト其ノ国ノ必要トニ応ジテ、各々大ヒニ其ノ特性ヲ異ニス。帝国憲法モ亦其ノ模範ヲ各国ノ是認スル所ノ憲法上ノ原理ニ採ルト雖モ、其ノ特性ニ至リテハ各国ノ憲法及慣例ニ随ヒテ論議スル事ヲ得ズ。[17]

　憲法の内容をめぐる特殊と普遍の問題と関連して、日本の立憲制は固有の問題を内在していた。伊東が、「立憲政体トハ、人民ガ政権ノ行用ヲ一定ノ範囲内ニ監督シ若クハ左右スル所ノ政体」と解しながら、「人民政権ノ行用ヲ制限スルト言フハ語弊アリ、欧洲ノ事トスレバ可ナリ」[18]としたように、明治政府は立憲政体の本来的機能の現実化を阻止することを課題とせざるをえなかった。その結果、天皇の統帥大権は国務大臣の輔弼外におかれ、教育勅語によって天皇を思想・道徳の価値の源泉とし、批判を許さないという体制がつくりだされた。「人民ニ法律上許ス限ノ自由ヲ附与」するという憲法の目的に相反する事態が進行したのである。このように、主権国家システムへの参入とは、国家が普遍と特殊の矛盾を内在化することを意味したのであり、ヘルドのウェストファリア・モデルは、国家の自律性を強調するあまりこうした視点を欠いている。

さて次に、表1の6（実力の原則）について検討してみよう。主権国家システムにおける戦争の位置づけについて、『グローバリゼーションと国民国家』の中で鈴木一人は次のように説明している。主権国家システムにおいては、「平時国際法による国家間関係の制度化だけでなく、戦時における国際法を確立することで、戦争を理性のもとに管理し、戦争そのもののルールを制定することで、戦争に一定の制限を設けたが、戦争を合法化し、システムの一機能として組み込む役割も果たした」[19]。最終的には実力の原則が支配していると規定するヘルドの見方とは、多少ニュアンスが異なる説明となっている。すなわち、戦争をシステムの一機能とするためには、戦争が理性のもとに管理され、戦争がルール化されることが必要となる点が強調されている。戦争（実力）はシステム破壊的な本質を内在してはいるが、一定の限定性を帯びてシステム内に組み込まれていると考えなければならない。その限定性こそ、カール・シュミットが提起した「限定された戦争」そのものである。亀島庸一はシュミットの『大地のノモス』を援用しながら次のように述べている。

近代のヨーロッパにおいては非差別的戦争概念による戦争の「枠づけ」が達成された。互いに対等な主権国家の間での戦争は、それぞれの相手を「正しい敵」とみなすために、すなわち敵を宗教上の敵や犯罪者とするなどの差別化を一切しないために、「限定された戦争」とならざるをえなかったからである。こうして、ヨーロッパは多年にわたる「野獣的残忍性」に満ちた宗教戦争と内戦とから脱却することができるようになった。それは、ヨーロッパが戦争と平和との概念によって構成される「ヨーロッパ公法」という一種の文明を享受し始めたことを意味していた。しかし、この文明の外側には「ヨーロッパ公法」の適用のおよばない地域が、すなわち野蛮ともいうべき世界が存在した。ヨーロッパの外部世界としての、新世界や古い非ヨーロッパ世界、そして海洋は、ヨーロッパによる領域取得がなにものにも拘束を受けることがないという意味で「自由な」ラウムであり、そしてまた戦争もあらゆる限定を被ることがなく、それ故容赦のない「殲滅戦争」が依然として許されたという意味でも「自由な」世界だったからである。[20]

ここでは、ヘルドのウェストファリア・モデルにはまったく取り上げられていない主権国家システムの構造が言及されている。西欧を中心とする主権国家システム（文明）の成立は、外部世界（野蛮）を不可欠としていたこと、すなわち、外部世界は主権国家システムを構成する諸国の自由な膨張の場であり、また限定なき殲滅戦争が許されるといった二重の意味で自由な空間であったという指摘に注目したい。このように考えれば、一九世紀後半に至るまで、多くの国際法学者が文明・野蛮・未開に区分された世界観を有していたことが容易に理解されよう。彼らにとって文明の法としての国際法の有効性は野蛮や未開の存在によって弁証されるものだったのである。表1の5にある主権国家の平等は、野蛮や未開に分類された世界を支配・従属の対象とすることと表裏の関係にあったことが補足されなければならない。

こうした外部世界の問題を念頭に置けば、幕末から明治にかけての日本と主権国家システムの関係を考える上で重要な二つの論点を提示することができる。第一に、一九世紀の第四・四半期には、資本主義世界市場の形成と連動して国際法の脱ヨーロッパ化が進展しつつあったことである。国際的組織として成立した国際法協会はこの時期に非キリスト教国に国際法の適用が可能かどうかの検討を開始していた。日本の条約改正はそうした状況のもとで進行していった。条約改正をめぐる交渉が国際法の脱欧米化の傾向を進める重要なテスト・ケースとなっていたことに留意する必要がある。

第二に、日本の主権国家システムへの編入が、主権国家システムの内部と外部の構造からいかなる影響を受けたか、また逆に影響を与えたか、という点である。[21] 論理的にいえば、一九世紀後半の日本には、東アジア諸国との関係を主権国家間の関係として創出するという方向と、文明―野蛮論にもとづく近代主権国家システムを東アジアで再生産する方向の二つがあった。しかし、すでに近世において儒学の受容とともに内面化されていた華夷意識は、後者の文明―野蛮論にたやすく置換された。なぜなら、両者は世界を階層的に構成されたものとして認識する点で同一の思考様式をもっていたからである。天皇神話を梃子にした国家統合は、西欧の東アジア進出への危機感を不断に更新し文明―野蛮論と結びついた自民族優越意識を形成することと一体の過程であった。

ただし、日本が清朝との関係において朝鮮を独立の国家として主張している間は、主権国家間の関係として東アジアの国際関係を構成する可能性もわずかに存在したことには注意が必要である。そうした方向を遮断したものこそ日清戦争であった。日清・日露戦争を通じて日本は欧米諸国と同等の国家として主権国家システムに参入するが、朝鮮や中国は「『自由な』ラウム」として措定されることになった。そうした事態がこの時期の東アジアにひときわ大きな矛盾をもたらした。世紀転換期の国際法および国際社会の脱欧米化の進展はすでに押しとどめがたい勢いになっており、[22] 文明―野蛮論に依拠した主権国家システムは変容を余儀なくされていた。レーニンは『帝国主義論』において、列強によって世界が分割されつくしたことを指摘したが、[23] それは、主権国家システムの外部を空間的に拡大することが不可能になったことを示したものと読みかえることができる。つまりこれ以降、外部の側の抵抗は、近代日本が実行したような更なる外部の設定ではなく、主権の回復・主権国家平等原則の一層の普遍化でしかありえない。第一次世界大戦はこうした一九世紀までの主権国家システムの矛盾を一挙に噴出させたのである。

Ⅲ 主権国家システムの変容

前節では主権国家システムと戦争(実力)の問題から出発しながら、外部との関係においてシステムのもつ矛盾を検討した。そこで次に、戦争と主権国家システムの関係について、実力の原則そのものが醸成するシステムの矛盾について考察しておこう。

近代国家の形成と軍事力・戦争の間には強い因果関係がある。権力基盤を強化し、内政・外政にわたって国務を統括する国家の能力は、近代国家形成の核心部分にかかわる。ヘルドはイングランドの例を参照しつつ、「その過程で争点となっていたのは、さまざまな物理的強制手段(陸海軍その他の軍事力)を編成し、必要に応じてそれらを軍事展開する国家の能力」[24]であったとする。日本の場合も、対内的にはもちろん、西欧諸国によるアジアの植民地化という事態に直面し、近代国家形成の上で軍事力のもった意義が極めて大きいことはいうまでもない。しかし、軍事展開能力に依存した国家統合は安全保障上のジレンマを作り出す。すなわち、各国が仮想敵を基準に軍備増強を競えば、結果的にすべての国家が自国の安全保障を享受することができないという事態に立ち至るのである。第一次世界大戦はそうしたジレンマを主権国家システム自体の危機として現実化してしまった。戦争は総力戦化し、「限定された戦争」のタガが外れ始めた。戦争を理性のもとに管理するという前提が崩れだしたのである。

第一次世界大戦の結果、一九二〇年に設立された国際連盟はこうした安全保障のジレンマに対処しようとするものであった。国際連盟規約前文、第一〇～一六条などの内容を踏まえれば、「連盟規約は、ある国家によって実質的な侵略戦争が開始された場合、その戦争を違法なものと認定し、侵略国に対する経済的・軍事的制裁を発動しうる国際的な体制を成立させた[25]」と位置づけられる。また、第八条では「平和維持ノ為ニハ、其ノ軍備ヲ国ノ安全及国際義務ヲ協同動作ヲ以テスル強制ニ支障ナキ最低限度迄縮少スルノ必要アルコトヲ承認ス[26]」とされ、理事会が軍縮案を作成することを規定していた。国際連盟の創設から平和議定書を経て不戦条約に至る戦争違法化の過程は、〈国家間の不和は最終的には力によって解決され、実力に訴えることを抑制する法的拘束は事実上存在しない〉というウェストファリア・モデルの原則を転換させるものであった。その点において、一九二〇年代以降、主権国家が戦争に訴える自由は法的に大きな制約を受けることになった。

国際機構としての国際連盟成立の歴史的意義については、一九世紀後半からの国際社会の組織化の一つの到達点であったこと、それまでの国際機構が技術的な国家間の協力をめざすものであったのに対して、安全保障という高度に政治的な問題を含む包括的な国際協力を志向した点で画期的であったことなど、すでに多くの研究で明らかにされてきたところである[27]。ここでは、国際連盟に見られる国際社会の変容について二点にわたって補足しておきたい。

一つは、国際社会の脱欧米化が不可逆的に進んだことである。国際連盟の成立に主導的役割を果たしたアメリカが参加しなかったとはいえ、一九三四年の最大時には五八カ国（原加盟国は四二カ国）が国際連盟に加盟していた。国際連盟は常設の組織であることを考慮して、ハーグ万国平和会議への参加国が第一回二六カ国、第二回四四カ国であったことと比較すれば、国際連盟の国際組織としての普遍性は明らかである。これを東アジアの側からとらえ返してみると、中国が国際連盟に加盟したことによって、中国の領土的保全や政治的独立の問題は国際連盟での議論の対象となり、関係諸国間だけで処理できなくなったことを意味する。ウェストファリア・モデルが変容する中で、国際連盟に担保されることによって東アジアでの主権国家体制がようやく形成の緒（ちょ）についた。中国の領土的・行政的保全を規定したワシントン条約によってもそれが保障されていたことはいうまでもない。かつて福沢諭吉が日清戦争を「文野の戦争」とし、一方的に野蛮の側に押しやった中国が、少なくとも国際連盟においては平等の主権国家として認定されることになったのである。植民地支配はいまだ強固であったが、文明―野蛮の論理はその自明性を喪失しつつあった。国際連盟の存立と強化が主権国家システムの普遍性と結びついている以上、文明―野蛮論およびそれと一体である内部―外部の論理は国際社会の脱欧米化傾向と矛盾せざるをえない。

国際社会の変容に関して、いま一つ言及しておかなくてはならないのは、第一次世界大戦を契機にして一体としての国際社会（国際共同体）が強調され始めたことである。アメリカでは国際法の新しいとらえ方が生れたことについて、篠原初枝は次のように説明している。

ラインシュ、フェンウィック、ボーチャード、ガーナー、ライトらは世界全体を一つの社会とみなしたのである。たとえば、ライトは「国際共同体（community of nations あるいは family of nations）」という言葉を頻繁に用い、世界は新たな統合の時代に入ったと考えたのである。世界は一つの共同体として把握されるべきものであり、いかなる戦争であれ、それは国際社会の構成員たるあらゆる国家の関心事であると主張し、戦争の防止が必要だという認識を抱いた[28]。

ヘルドはウェストファリア・モデルにかわる国連憲章モデルを提示して第二次世界大戦後の主権国家システムを説明しているが、そこでは「世界的共同社会は、主権諸国家から構成されている」、あるいは、「国際的共同社会の全体が『公的問題』となる」といった特徴づけを行っている[29]。「世界的共同社会」や「国際的共同社会」といった観点は一九二〇年代に国際法学者を中心に意識化され、国連憲章で一般的になると考えるべきだろう[30]。

国際共同体の概念は、国際連盟が超国家的組織か否かという問題とも関連する。日本では多くの法学者が、国際連盟は主権国家の上位にある超国家的組織ではないことを理由に国際連盟への加盟を正当化した[31]。すなわち、国際連盟は超国家的組織ではないから主権は制約されないというわけである。これに対してアメリカは、国際連盟によって主権が制約されることを考慮して加盟を拒否した。本来なら、この問題は論理や理念と実態のレベルに分けて検討する必要があるが、それを展開する紙幅の余裕はない。ここでは、国際連盟が超国家的組織か否かということが争点になって加盟・非加盟が判断されたこと自体が重要である。国際連盟が提起した問題は、〈世界は、いかなる上位の権威をも認めない主権国家群によって構成され、分割されている〉というウェストファリア・モデルの原理の揺らぎであった。同時に、これまで述べてきたことから、〈法形成・紛争解決・法執行の諸過程は、その大半が個々の国家の手中にある〉という原理にも変更が迫られていることがわかるだろう。

さて、国際連盟に見られるこうした国際社会の変容は、冒頭に言及した現代的視点に立った時、アメリカ合衆国のヘゲモニーとの関連においても考察されなくてはならない。問題は、アメリカが国際連盟の設立に主導的役割を果たしたこと、それにもかかわらず国際連盟に加盟しなかったことがどのような意味をもっていたか、という点にある。前述の篠原の研究は、第一次世界大戦期において国際法学者間で新旧世代の相克が発生したことを指摘している。すなわち、「統一された法典を有する国際裁判所が国際紛争を解決できると考え、また、アメリカ的モデルが国際関係にも適用できる」と信じた旧世代の法学者に対して、「国際主義や国際社会といった普遍主義的な概念」を積極的に評価する新世代が台頭したのである。[32] アメリカの国際法学が外交政策と密接な関係をもっていることを考慮すれば、国際法の新しい解釈がウィルソンの推進した対外政策路線の背景をなしていると考えられる。国際連盟の設立と非加盟の問題は、旧国際法的発想と新国際法的発想の対抗、葛藤の反映であったといえよう。

対外政策のレベルでいえば、国際社会に対する新しい理解を主張する国際法学者の見解を踏まえて、普遍的国際組織の必要性を提唱しつつ、他の諸国にそれによる秩序の受容を促すことが、国際社会でのアメリカの主導権と結びついていた。実力の原則に委ねていては、総力戦化した戦争が主権国家システムそのものの崩壊をもたらしかねず、それを規制することがシステムの存続にとって喫緊（きっきん）の課題となったからである。しかし、この段階でのアメリカは、国際組織によって主権的行動が制約されることに否定的であり、連盟に加盟することはなかった。いまだ戦争違法化の動きは緒についたばかりであり、国際組織によって国際的正義を担保することは、主権の制約を甘受するほどの重要性をもたないと判断されたと解釈できる。その意味で、この段階のアメリカのヘゲモニーは未確立であった。

このようなアメリカの権力的位置について、もう一度、ネグリ、ハートの指摘を検討してみよう。『〈帝国〉』は、北米大陸における空間の閉止（フロンティアの消滅）に対応し、後の展開に重要な役割を果たした次の二つの路線をあげている。一つは、セオドア・ルーズヴェルトによって進められた「完全に伝統的なヨーロッパ的スタイルの帝国主義的イデオロギーを行使」するものであり、いま一つは、ウィルソンによって推進された路線である。もちろん両者は全く異なる道筋を示すものであり、後者については、「ネットワーク的権力という政体構成的構想を拡大した、平和に関する国際主義的イデオロギーを採用した」としている。[33] 注目しおきたいのは、ウィルソン路線が、征服、略奪、ジェノサイド、植民地化などを特徴とするヨーロッパ帝国主義とは異なるとされていることである。冒頭でふれたように、彼らは〈帝国〉の特質をネットワーク的権力として認識しており、ウィルソン路線は、「直面する他の諸権力を併合したり破壊したりするのではなく、逆にそれらに対して自らを開き、それらをそのネットワークのなかに取り込む」[34]〈帝国〉への移行を効率的に推し進める力となったと評価した。ウィルソンの新秩序構想は、イギリスがヘゲモニー国であった一九世紀半ばの国際秩序を焼き直したものにすぎなかったとする見解もあるが[35]、列強帝国主義の時代とは異なる主権国家システムの動向を強調する本稿の視点からいえば、ネグリ、ハートの指摘は妥当である。

ところで、主権国家システムの変容を考える際に、アメリカと並んで考察されなくてはならないのは、社会主義革命とソビエト連邦の問題である。簡潔にいえば、社会主義革命が世界革命と国家の死滅を志向する限りで、それは主権国家システムへの根源的否定につながる要因を内包していた。しかし、現実には革命が国家権力の奪取を通じて、社会主義国家建設へと比重を移行させる過程で、主権国家システムそのものを否定することは不可能になり、三〇年代にかけて国際連盟に協力、加盟していく方向をとる。これによって、主権国家システムは体制の相違を超えて普遍化していくことになった。また、レーニンが帝国主義批判を徹底して行い、第一次世界大戦期を通じて、いち早く民族自決と植民地の独立についての理論的・実践的闘争を指導したことは、主権国家システムの脱欧米化に決定的な影響を及ぼしたといえよう。

さらに、コミンテルンのようなインターナショナルな組織と運動が、国際的民主主義の進展に重要な役割を果たしたことも無視できない。近代国家における民主主義について、ヘルドはダールなどの研究を参照しながら、戦争のコストと需要の増大が支配者と国民の相互依存関係を強化し、市民権の拡大が近代国家の軍事的要請と密接な関係をもつことを認めている[36]。最終的に実力の原則が支配するウェストファリア・モデルでは、ナショナル・デモクラシーが必然化するわけである。ナショナル・デモクラシーが絶えず国家間の敵対関係を更新しつつ存続してきたとすれば、国家を横断して相互に結びつき影響しあうインターナショナルなデモクラシーと平和主義は、ナショナル・アイデンティティを相対化し、ナショナル・デモクラシーの存立基盤を脅かすものとならざるをえない。

本節の最後に、主権国家システムの変容と帝国憲法体制の矛盾について、ごく簡単にふれておきたい。天皇制を根幹とする憲法体制は、いかなる上位の権威をも認めない主権国家群によって構成されるウェストファリア・

モデルの原理と適合的であった。しかし、神聖・不可侵の天皇を基礎として国家が建てられている限り、新たに認識されるようになった国際共同体という概念と折り合いをつけるには困難が伴った。満州事変が当事者間の問題としてではなく連盟という国際組織としての問題となり、提示された解決の指針を日本が拒絶したことは、そうした矛盾が発現したものにほかならない。主権国家体制の脱欧米化の問題でも日本は困難を抱えていた。前述したように、日清・日露戦争を経ることによって、帝国憲法体制は文明―野蛮論的国際認識を不可欠のものとして内面化してしまった。そのために、第一次大戦後の東アジアにおける主権国家体制の形成に一定対応しつつも(幣原外交)、常にそれを破壊する動きが噴出せざるをえなかった。最終的に日本が盟主論的な大東亜共栄圏しか構想できず、普遍性をもった国際秩序を構築できなかったのもそのためである。

Ⅳ 人権・主権・国際社会

前節で考察した主権国家システムの変容の諸契機を踏まえれば、日本国憲法はどのように歴史的に位置づけられるのだろうか。あるいは逆に、日本国憲法は主権国家システムをどのように転換させたと見るべきなのだろうか。日本国憲法の前文をもとにこの問題を検討してみよう。

第一段落では、「主権が国民に存することを宣言し」、「国政は、国民の厳粛な信託によるものであつて、その権威は国民に由来し、その権力は国民の代表者がこれを行使し、その福利は国民がこれを享受する」と述べている。注目すべきはその次の一文である。「これは人類普遍の原理であり、この憲法は、かかる原理に基くものである」。国民主権を人類普遍の原理とし、憲法をそうした人類普遍の原理に直接基礎づけたこと、この点が大日本帝国憲法とは根本的に異なっている。日本を一つの事例として見れば、対内的な主権の担い手を問わなかったウェストファリア・モデルは、国民主権を普遍の原則とする主権国家システムへと転換したといえるだろう。

第二段落は、「平和を愛する諸国民の公正と信義に信頼して、われらの安全と生存を保持しようと決意し」、「われらは、全世界の国民が、ひとしく恐怖と欠乏から免かれ、平和のうちに生存する権利を有することを確認する」と記している。前半部分は、自己の安全と生存をインターナショナルな民主主義や平和主義に接合させたものであり、後者は国際共同体のすべての人々の「平和のうちに生存する権利」に言及した点で、ナショナルな枠組みを越えている。前節で指摘した主権国家システムの変容に対応しつつ、それを推し進める内容になっていることが重要である。

こうした平和主義の理念が、直接的には一九二八年に締結された不戦条約に淵源をもつことはつとに指摘されてきた。私がここで付言しておきたいのは、不戦条約が個人と国家、国際社会の関係の変化を明瞭な形で示したことについてである。すなわち、不戦条約の締結は一九二〇年代の国際的な平和運動を背景にしており、それゆえ **in the names of their respective peoples** の語が、単なる修飾語ではなく現実を一定反映したものであったということである。この点を鋭く見抜いたのが尾崎行雄の次のようなことばである。

不戦条約第一条は、「国民の名に於て」でもなく又「国家を代表して」でもなく、明白に「人民の名に於て」厳粛なる宣言を要求するものである。而して「人民の名に於て」とは、言ふまでもなく「人民に代つて」又は

「人民の委託に依て」の意義であつて、いづれにしても該条約締結の主体は、天皇陛下ではなくして人民であると云ふところ(こと)になる。それでもなほ政府は帝国憲法にも違背せず、又、国体をも毀損せずと思惟するか。[37]

尾崎の主張は、「人民の名に於て」という語の真意を踏まえ、それをごまかすことなく留保した上で批准せよ、ということにあったが、この条約に見られる国際社会の動向が日本においては主権の問題と真っ向から衝突するものであることを的確に指摘していた。人民の委託によって国家が不戦条約を結ぶという論理構造は、国家のみが国際社会の主体であるとする認識を是正しつつあったのである。こうした歴史的趨勢をおさえてみると、日本国憲法前文のいう国民主権は、国政についての最高の決定権が国民にあるという意味ばかりではなく、国民が政府の戦争政策を規制することによって、国際社会の「恒久の平和」に努めるという国際的な意義をあわせもっていることがわかる。国際共同体の中での国民と国家の役割が提示されているといってよいだろう。

さて、第三段落を見てみよう。「われわれは、いずれの国家も、自国のことのみに専念して他国を無視してはならないのであつて、政治道徳の法則は、普遍的なものであり、この法則に従ふことは、自国の主権を維持し、他国と対等関係に立たうとする各国の責務であると信ずる」とある。それは、自らは主権国家システムに参入しながら、東アジアの諸地域を主権国家システムの外部に追いやった帝国日本のあり方の否定であり、主権国家の平等原則の普遍化を規定する国連憲章の精神でもあった。[38]

このように見てくれば、日本国憲法は第一次世界大戦後の主権国家システムの変容によって必然的に生み出され、またその変容を一層促進するものであったことがわかる。日本国憲法は一国の憲法であると同時に、それにとどまらず第二次世界大戦後の主権国家システムのあり方を逆規定するものとしてとらえる視点も必要である。平和主義はその顕著な事例といえよう。樋口陽一によればそれは次のようなことである。そもそも、立憲主義は力をもってしてでも確保される正義と積極的に結びついており、第二次世界大戦が邪悪なファシズムに対する自由と正義の戦いとして戦われたことが、「力による正義」という考え方を一層強化した。第九条は、こうした「近代」そのものに対して、それを内側から批判する意味をもっているのである。[39]

第二次世界大戦の結果成立した国際連合は、国際連盟の脆弱性(ぜいじゃくせい)を克服すべく、また当時の国際的な権力構造を踏まえて、大国に常任理事国という特権的な地位を付与した。憲章には書き込まれていないが、成立経過からいうと大国の軍事力を背景に国際秩序を維持することが前提とされていた。国連憲章第二六条は、安全保障理事会が軍備規制の方式を確立するための計画を作成する責任を負うとしているが、それはほとんど実効性をもたなかった。さらに第五一条で承認された「個別的又は集団的自衛の固有の権利」は、いかようにも解釈されて実質的に軍事行動を正当化する論理に転化する危険性をもっていた。

このように、「力による正義」が戦後の主権国家システムで容認され、深部でそれを支えていたからこそ、戦後の主権国家システムにおいて第九条は決して現実化してはならないのであった。占領下において第九条を現実化するために構想された日本の永久中立化論は、戦後の国際秩序を根底から揺るがし転換させる素因を内包していた。安保条約はそうした異物を駆除していく役割を担っていたのである。

冒頭の問題意識からいえば、本稿の最後に、戦後の主権国家システムの展開についてもふれておく責任がある。ここでも、ヘルドの議論を援用して第二次世界大戦後の国際秩序について簡単に確認しておきたい。ヘルドは、ウェストファリア型の国際調整の構想が論争の対象となり、国連憲章およびそこに見られる国際的な統治プロセス（国連憲章モデル）に変化したことを指摘している。顕著にそれを示すのは国際法の対象、範囲、法源にかかわる問題である。まず、対象については、国際法は「唯一、排他的に国家間の法」であるとするそれまでの認識がくつがえされ、個々の個人や集団が、国際法の主体として認知されるようになってきた。次に、国際法は国家の政治的・戦略的問題から範囲を拡大し、経済的・社会的問題や環境問題をめぐる策定・調整にまでかかわることになった。第三に、必ずしも各国の合意を要件としない「国際的共同社会の意思」が法源として承認されるようになり、国際法の唯一の真の源泉は諸国家の合意であるという学説からの原理的訣別が明らかになった[40]。

こうした変化を摘出した上で、ヘルドは、結果的に「国連憲章モデルは、その良き意図にもかかわらず、国際秩序における新たな組織原理――ウェストファリアの論理と根本的に絶縁し、政治的統一と変化の新たな民主的メカニズムを生み出す原理――を効果的に生成することに失敗した[41]」と評価する。そこで提起されるのが、最初にふれたコスモポリタン民主主義の構想なのである。

ヘルドが提示している問題は、抽象化すると、個人とそれをとりまくさまざまな中間団体、国家、いくつかの国家を包摂する地域、そして国際社会あるいは世界をいかなる相互規定性のもとに関係づけて民主主義を構築するかという課題である。歴史学の課題として、こうした議論を踏まえてどのような視点から主権と国際社会の問題を考察していくべきなのだろうか。私は、その鍵が日本近代史に内在していると考える。ここで取り上げておきたいのは、植木枝盛の思考である。植木に注目するのは、憲法案そのものではなく、彼こそ人権、国権、国際社会の相互規定関係を端緒的ではあるが全体的に見通した議論を展開していた人物だったからである。

植木は「国家主権論」（一八八二年）において、「国家ハ人民ノ自由権利ヲ保護センガ為メノモノ也。故ニ国家ハ各人ノ自由権利ヲ保護スルコト是レソノ本分ニシテ、各人ノ自由権利ヲ保護スルコトハ是レソノ国家ノ義務也」とした。[42] また、加藤弘之の『人権新説』に反駁した『天賦人権弁』（一八八三年）では、人が幸福を希望しそれを追求することは道理であり、「天然ノ権利」以外の何ものでもないと述べている。[43] すでに一八八〇年の「無上政法論」では、「政府ヲ設置シ法律ヲ立定シ乃チ各人ノ権利自由ヲ保護セシメ以テ最大ノ幸福ヲ享受セントスル」のと同じ原理で、「国家ヲ以テ更ニ世界ノ一大結合ヲ為シ、…世界ノ大憲法ヲ立テ、各国ヲ保護セザルヲ得ンヤ」と述べ、宇内無上憲法と万国共議政府の必要性を論じていた。[44] 帝国憲法体制はこうした人権（民権）、国権、無上政法の相互関係を構想する自由を抑圧したのであった。

植木とならんでもう一人、時代的な接点はないが植木と同じ地平から個人と国家、国際社会の関係を構想した恒藤恭についてふれておこう。[45] 恒藤は、一九二二年にまとめられた『国際法及国際問題』の中で、第一次世界大戦以降の国際社会の変化を的確に描きだし、個の自由、権利、義務の視点からあるべき国家と国際社会の姿を展望した。そのような議論を可能にしたのは、自らを「世界民」と仮定し、それによって現実の国民（臣民）、大日本帝国、国際社会を相対化するという巧みな戦術をとったからである。吉野作造や美濃部達吉とは異なり、恒藤の議論は直接戦後の民主主義思想に連なるものであった。植木や恒藤の思考はそれぞれの時代の中で沈潜せざるをえなかったが、個の自由、人権、民主主義を、個人、国家、国際社会の相互規定関係を通じて構築することを追求してやまぬ近代日本のもう一つの姿であったといえるだろう。

ネグリやハートのいうようなネットワーク権力が仮に事態を言い当てているとしても、また、グローバルなレベルでの対抗が必要だとしても、個人のあり方にもっとも深い影響を及ぼす政治的共同体としての国家の問題を軽視すべきではないと思われる。民主主義との関係において、主権あるいは憲法がどのような意味をもちどのような役割を果たしてきたのかといった問題を、個人、国家、国際社会の主として三つのレベルの相互関係から歴史的に検証してみることが必要である。その際に、本稿で何度も強調してきたが、国際社会あるいは世界は国家を規定する条件であるとともに、個々の国家が国際社会および世界を構成し規定しているという両側面に留意しなくてはならない。憲法問題と歴史学の接点はここにあると考える。

1　田口富久治・鈴木一人『グローバリゼーションと国民国家』（青木書店、一九九七年）二一二ページ。
2　アントニオ・ネグリ、マイケル・ハート（水嶋一憲・酒井隆史・浜邦彦・吉田俊実訳）『〈帝国〉―グローバル化の世界秩序とマルチチュードの可能性』（以文社、二〇〇三年、原著は二〇〇〇年）一八三ページ。
3　同右、二一七ページ。
4　同右、二四二ページ。
5　同右、一九四ページ。
6　同右、二三ページ。
7　マイケル・ハート、長原豊「帝国を超えて―遍在する反乱」（『現代思想　特集＝『〈帝国〉』を読む』第三一巻第二号、二〇〇三年二月、五四ページ）。

8　同右、七一ページ。
9　デヴィッド・ヘルド（佐々木寛・遠藤誠治・小林誠・土井美徳・山田竜作訳）『デモクラシーと世界秩序―地球市民の政治学』NTT出版、二〇〇二年、原著は一九九五年）二〇～二一ページ。
10　同右、二七ページ。
11　同右。
12　民主主義的公法とは、健康の権利、福祉の権利、文化の権利、市民になるための権利、経済的な権利、非暴力で平和的な政治体やライフ・スタイルの権利、政治的権利などを結びつけ強化するような立憲的な構造を規定する法的秩序のことをさす（同右、二三二～二三〇ページ）。
13　同右、三〇九ページ。
14　「国憲草案を進むる報告書・第三次案（一八八〇）」（山中永之佑編『日本近代法案内―ようこそ史料の森へ』法律文化社、二〇〇三年、四〇ページ）。
15　樋口陽一『自由と国家―いま「憲法」のもつ意味』（岩波書店、一八八九年）四七ページ。
16　「大日本帝国憲法衍義」（江村栄一編『日本近代思想体系9憲法構想』岩波書店、一九八九年、所収）三四八ページ。
17　同右、三四九ページ。
18　同右、三四七ページ。
19　田口・鈴木前掲書、六五～六六ページ。
20　亀嶋庸一『20世紀政治思想の内部と外部』（岩波書店、二〇〇三年）三一ページ。
21　主権と帝国の関係については、拙著『国際秩序の形成と近代日本』（吉川弘文館、二〇〇二年）第二章で展開した。
なお、拙著第二章第一節について、ここで一言しておきたい。拙著では、先行研究として鈴木正幸氏の『国民国家と天皇制』（校倉書房、二〇〇〇年）があることを見逃していた。観点こそ若干異なるものの、ほぼ同様の史料を使って憲法と帝国の関係を論じた鈴木説を参照せずに立論したことについて、この場を借りて鈴木氏にお詫びしたい。あらためて鈴木氏と私の見解・視点の異同を述べておきたい。鈴木氏は同著第六章において、帝国憲法は植民地領有を想定せずに制定されたため、植民地統治に不適合であり、植民地領有に伴う帝国的統治が天皇の憲法外大権の出現の危険性すなわち君主専制主義を呼び起こしたことを指摘している。また、日清戦争後に確立した「家秩序的国体論」は、他民族を国民共同体から排除する排外的性格をもっていたので、異民族統治の正当性を論証できないことも明らかにしている（第六章5　植民地統治と国体問題）。これらの点で帝国憲法と植民地領有の矛盾を明らかにした鈴木氏の議論は説得的で、特に異論はない。拙著の場合、鈴木氏の著書と同様に有賀長雄や山田三郎の議論を使っているが、憲法適用の問題としてではなく、主として主権の範囲の問題、植民地を領有した際に主権はどのような論理で授受されるのかといった側面から帝国の膨張の論理を考察した。本稿では十分に言及しえなかったが、一九世紀末から二〇世紀初頭にかけて成立した日本の国際法学は、帝国統治と密接な連関をもっていた。拙著では、国際法学が帝国統治あるいは帝国の膨張を弁証する役割をもっていたことを強調している。

22　国際社会の組織化といわれる状況が進行し、国際電信連合（一八六五年）、一般郵便連合（一八七四年、のち万国郵便連合）など多数の国際組織が設立され、万国衛生会議などのような国際会議も開催されるようになった。万国衛生会議と日本の関係については尾﨑耕司「万国衛生会議と近代日本」（『日本史研究』第四三九号、一九九九年三月）を参照。

23　レーニン（副島種典訳）『帝国主義論』（大月書店、一九五二年）一〇〇ページ。

24　ヘルド前掲書、六五ページ。

25　伊香俊哉『近代日本と戦争違法化体制―第一次世界大戦から日中戦争へ』（吉川弘文館、二〇〇二年）六ページ。

26　藤田久一編『軍縮条約・資料集』（有心堂、一九八八年）二九ページ。

27　家正治・川岸繁雄・金東勲『国際機構（第三版）』（世界思想社、一九九九年）、渡部茂己『国際機構の機能と組織』（国際書院、一九九四年）、最上敏樹『国際機構論』（東京大学出版会、一九九六年）などを参照。

28　篠原初枝『戦争の法から平和の法へ―戦間期のアメリカ国際法学者』（東京大学出版会、二〇〇三年）四五ページ。
29　ヘルド前掲書、一〇五ページ。
30　イギリスでも、若干ニュアンスは異なるがウルフが一九一六年に『国際統治論』（International Government）を著し、国際的合意による諸国家、諸国民、人民間の統制を国際統治と定義して、政治的分野における共通利益に基づく協力の可能性を説いた。
31　拙稿「インターナショナリズムと帝国日本―1920年代初頭の国際意識」（歴史と方法編集委員会編『歴史と方法4　帝国と国民国家』青木書店、二〇〇〇年）参照。
32　篠原前掲書、四四ページ。
33　ネグリ、ハート前掲書、二二六ページ。
34　同右、二二六ページ。
35　トマス・マコーミック「アメリカのヘゲモニーと現代史のリズム1914―2000」（松田武・秋田茂編『ヘゲモニー国家と世界システム―20世紀をふりかえって』（山川出版社、二〇〇二年、一八七ページ）。
36　ヘルド前掲書、七〇ページ。
37　尾崎行雄『「人民の名に於て」を削除せよ』（『尾崎咢堂全集』第八巻、公論社、一九五五年、三四〇～三四一ページ）。
38　長谷川正安『日本の憲法　第三版』（岩波書店、一九九四年）二一ページ。
39　樋口陽一「立憲主義の日本的展開」（中村正則・天川晃・尹健次・五十嵐武士編『戦後日本　占領と戦後改革4　戦後民主主義』岩波書店、一九九五年、二四四～二四五ページ。
40　ヘルド前掲書、一〇二～一〇三ページ。
41　同右、一〇七ページ。
42　『植木枝盛集』（岩波書店、一九九〇年）第四巻　七二～七三ページ。

42

43　『植木枝盛集』（岩波書店、一九九〇年）第一巻　一七三ページ。

44　同右、九三～九四ページ。

45　恒藤の思想の位置づけについては、前掲拙稿、および拙著第七章を参照。また、広川禎秀『恒藤恭の思想史的研究―戦後民主主義・平和主義を準備した思想』（大月書店、二〇〇四年）は、一九二〇年代から敗戦直後までの恒藤の思想の全容を解明し、時代に位置づけようとした貴重な成果である。

日本近代主権と立憲制

――「無所有」「所有」の原理と近代主権・立憲制――

小関素明

はじめに

認識者の歴史観の相違に還元されない歴史の「普遍」は存在するのであろうか。歴史学がそれを捉えることは可能であろうか。従前の歴史学は、この問いを認識者の「主体性」と歴史の客観的把握はいかにすれば架橋が可能かという観点におきかえ、試行錯誤を繰り返してきた。だが、はたしてその試行錯誤は成算性のある試みであっただろうか。一部の例外を除いて、残念ながら否と言うほかはない。

昭和史論争の渦中において、当事者の中核にいた遠山茂樹は亀井勝一郎のマルクス主義歴史学への疑義（亀井「歴史家の主体性について」一九五六年『亀井勝一郎全集』一六 所収）に対して次のように応酬している。

歴史を変革するものの立場に歴史家の眼をすえて、歴史の動きをとらえるからこそ、その歴史批判は、内在的であり、しかも客観性をもつことができる。現存秩序を維持しようとするものの立場に立って、どうしてその秩序の全面的把握が可能であるのだろうか。（中略）それはあたかも、人間が自然の暴威に立ちむかおうとした時にはじめて、自然の暴威を実現する法則を発見できるようになったのと同じことである。（中略）歴史認識が客観的であるためには、あれやこれらの立場にふらついてはならず、はっきりした立場に立たなければならない。（中略）一つの立場に確乎として立ち、しかもその批判が、いわゆる偏ったものとならない、それは形式的には矛盾のようであるが、原則的には変革の立場、民衆の立場に立つから、客観的でありうる…（「現代史研究の問題点―『昭和史』の批判に関連して―」一九五六年『遠山茂樹著作集』六 一六一～六二ページ）。

被支配者の立場に立つことが歴史の客観的把握につながるとするこの遠山の主張は、歴史学を体制変革に資する学問ならしめようとする歴史家としての切迫感と誠意に裏づけられているが、以下の二点において問題点を孕んでいる。第一に、体制変革への寄与を歴史学の本務と見なすことと被支配者の立場から歴史を見ることとは本来別個の問題であるにもかかわらず、遠山は何の疑問もなく（いやむしろ、あえて無理をしてと言うべきか）両者の予定調和を想定しているということである。第二に、遠山においては、歴史家の主体性が「立場」の選択の問題に置き換えられてしまっているということである。それは、遠山が右の引用のすぐ後で、「私は、基本的には一九二七年テーゼ、一九三二年テーゼの上に、歴史批判の立場を求めたい。」（同前）と言明していることに鮮明に示されている。

ここで留意すべき問題は、認識者の主体性を「立場」の選択に還元するこのマルクス主義史学の姿勢は、結果的にはその説得力を自ら封じかねないという問題を孕んでいることである。なぜなら、その「立場」に同調しない者、さらには敵対する「立場」に立つ者に対しては、究極的にはその「立場」の「不当性」を摘発する以外に術はなく、その結果、それは此岸の「立場」への反発を惹起せずにはおかないからである。そのもっとも極端な例は、この遠山に典型を見る被支配者の「立場」に立った歴史観を自虐史観として排斥し、民族の「自尊心」を涵養する物語りを構築することの必要性を強調する新自由主義史観である。その代表的論客であった西尾幹二は、民族の「自尊心」の糧となる物語を紡ぐべく、歴史学は生来的に科学たり得ない（物語でしかあり得ない）こと、よってその推移の中に客観や普遍を見出そうという姿勢を不条理なものとして次のように論詰する。

歴史は科学ではない。地球上のどこにおいても妥当とする客観的な法則に貫かれているわけではない。歴史は言葉によって語られて初めて成立する世界である。言葉というあやふやなものによってつくりだされる不確かな人間の知恵の集積であり、現代に生きるわれわれの未来への希望や不安や欲求と切り離せない、人間的解釈の世界である。

歴史はだから民族によってそれぞれ異なって当然である。国の数だけ歴史があっても少しも不思議ではない（西尾『国民の歴史』一九九九年　四一ページ）。

この主張を自足的、排外的なナショナリズムの鼓舞につながるとして論難することはたやすい。だが問題は、たとえそうであっても、これに対して右の遠山の観点ははたして有効な反論を提起できるであろうかということである。認識者の主体性を「立場」の問題に還元するかぎり、この西尾の主張を批判する術は、その「立場」の「危険性」を摘発しつづけるか、最終的には「立場」の相違として慷慨しながらも突き放す以外にはないであろう。つまり、認識者の主体性を「立場」（の選択）の次元で絶対化することは、論者にとっていかに不本意であろうとも、結果的にその相対化の動向を追認するという逆説を内包せざるを得ないのである。

事実、今日の歴史学の多くの対応はこの陥穽にはまりながら、それを認めようとはしない。正確に言えば、うすうす気づきながらもそれを認めたくないからこそ、新自由主義史観の歴史叙述のなかに散在する事実解釈もしくは認識の「不正確性」や恣意性を摘発するという作業を付加することによってその歴史観を排撃するという迂回攻勢に奔走しているのが、悲しいかな今日の学界の大勢である。その結果、本来マルクス主義史学にとって批判の対象であったはずのいわゆる陳腐な「実証主義史学」にまで秋波を送るという珍奇な現象さえ間々見られなくはない。だが直截に言って、そうした「作業」をもってしては、「われわれは歴史の純粋事実そのものを完璧に、客観的に把握することはできない存在である。（中略）歴史はなにか過去のものの復元とは決して同意義ではない。歴史は現代に生きるわれわれの側の新しい構成物である。」（同前　一一九ページ）と昂然と居直る新自由主義史観を根本的に批判し切ることはできない。

近年隆盛を極めている国民国家批判の立場に立つ歴史学の潮流も、この傾向を免れていない。もちろん論者の主観的歴史観においては、国民国家批判の立脚点は新自由主義史観の対局に置かれているが、言語論的転回以降の認識論的立場を身上とし、歴史的実在を認識者の言語による構成物ないし恣意と見なすその視座は皮肉にも右の新自由主義史観のそれに近い。しかも、国民国家の脱構築という自己の視線の超脱的方向化を図る一方で、その視線を国民国家の最下層ないしそこから排除された被抑圧者の視線に重ね合わせることによってその超越性を緩和するという巧妙な視線操作は、被支配者の「立場」への合一化によって自己の視線の絶対化（特権化）を試みようとした先述のマルクス主義史学の余燼を拝するものと言えよう。酷に失することを恐れずに言えば、つまるところ国民国家批判は資本主義批判をナショナリズム批判に置き換えたマルクス主義史学の「衣替え」の範囲を出ないがゆえに、根底的な新自由主義批判を展開できる展望を当初から欠いていると言うほかない（拙稿「日本近代歴史学の危機と問題系列」『立命館大学人文科学研究所紀要』七八　二〇〇一年）。

また本質的に間主体的な言語を媒介にした人間の認識は原理的に間主体的ないし虚偽的なものでしかあり得ないというそれ自身否定しようのない認識論的定言命題を盾にするあまり、その作業は広義の意味での表象の虚偽性ないし作為性の暴露、解体に終始し、その結果、なぜそうした虚偽ないし作為がくりかえされなければならないのかという根本的な問いを抹消しかねないという点も、国民国家批判の潮流が内包している致命的な欠陥である。この点への内省の欠如ゆえに、近年の国民国家批判は、国民国家に幾多の虚偽が付着しているのはそもそも国民国家が原理的に虚偽に立脚して構築された存在であるがゆえに他ならないという循環論法的な論理に閉塞しながらも、それを各論者が共通の前提に据え、その前提の「確認作業」を分業して事足れりとするという惨状に陥らざるを得ないのである。今日の歴史学のなかから急速に歴史そのものの中に貫徹する原理や力学を真正面から問題にしようという気概と問題関心が蒸発しつつあることの真因は、この余波を蒙ったが故であると言うほかない。

歴史の幾多の重要な局面が表象や虚構によって構成されていることは紛れもない事実であるが、その表象や虚構が要請される理由は表象や虚構の様相の描写や解析によっては解けるものではない。そこにはその要請を必然ならしめる原理と力学が厳然と存在する。歴史学の最大の課題は、歴史の推移の中に貫徹するそうした原理と力学からつねに目をそらさず、それを抽出、再現する術を模索することである。それはおのずと「歴史における変化の必然は存在するのか」「それは普遍的なものとして再現し得るのか」という問いに行き着かざるを得ない。

ではそれらは存在するのであろうか。大方の反発を覚悟で言えば、筆者は存在すると考えている。それを近代公権力（主権）と立憲制の存在原理と要請根拠のなかに探ってみようというのが本稿の課題である。この作業の前提には、近代においては主権、立憲制という権力形態や規範がほぼ普遍的というほかないレベルで実在するかぎり、そこになにがしかの普遍的ないし必然的契機の介在が想定できるはずであるという仮説を置いている。ただし留意すべきは、それらを普遍的位相のもとに捉えるにはその形態や確立過程の経験的観測をもってしては原理的限界があり、いわゆる「実証」的考察とは異なる思弁的考察が求められるということである。なぜならそれらを要請する力学とは社会現象そのものとは別箇のものであり、それらの確立に向けて奔走した当事者の意識にすら上らない場合がまれではなく、したがって多くの場合史料上に明示的に示されないからである。そうであるかぎり、それらを再現するには、従前の歴史学に対する方法論的批判を自ずと含まざるを得ない。本稿は、それらを含めて、そうした意味での社会的リアリズムを歴史学の俎上に上げるための試みに他ならない。

I　普遍的原理としての所有権の生成――土地所有の問題を中心に――

では右に述べた「普遍」を眺望するための足掛かりはどこに見出し得るのか。従前の歴史学には、これを試みるに際してわれわれが依拠すべき洞察は全く存在しないのか。必ずしもそうではなかった。次の網野善彦の提言は、歴史における普遍を展望しようとするにあたって極めて重要な含蓄を含んでいる。

さまざまな徴証からみて、「無縁」の原理は、未開、文明を問わず、世界の諸民族のすべてに共通して存在し、作用しつづけてきた、と私は考える。その意味で、これは人間の本質と深く関連しており、この原理そのものの現象形態、作用の仕方の変遷を辿ることによって、これまでいわれてきた「世界史の基本法則」とは、異なる次元で、人類史・世界史の基本法則をとらえることが可能となる（網野『無縁・公界・楽』一九九六年　平凡社ライブラリー　二四二ページ）。

…「有主」「有縁」の原理による「無主」「無縁」の原理のとりこみの過程は、人類が自然を自らのうちにとりこみ、力強くなってくるとともに、一層、活発に進行していく。そして次第に力を増した「有主」「有縁」の原理の主導の下に、それが組織化されたとき、国家が姿を現わす。（中略）それとともに、「無縁」の原理の自覚化の過程も進むのである（同前　二四四～四五ページ）。

「無主」「無縁」の原理を歴史に貫徹する普遍的要素と捉えたうえで、それと「有主」「有縁」の原理の相互浸透のなかに歴史の推移と世俗社会の確立にとって欠くことのできない力学を透視することによって、従前のマルクス主義史学とは異なる「世界史の基本法則」「人類史の法則」を探求しようとする網野のこの果敢な試みは、近代主権と立憲制の普遍的位相を照射するに際してきわめて重要な示唆を含んでいる。後述するように、網野が着目しているこの「無主」「無縁」の原理こそが近代主権を基礎づけ、立憲制の採用にも重大な影響をおよぼす原理に他ならない（この点に関しては、拙稿「網野史学の問題系列」　小路田泰直編『網野史学の超え方』二〇〇三年　ゆまに書房所収を参照）。

ただしこの網野の示唆を近代主権の原理を見通す足掛かりとして生かすためには、かなりの修正が必要である。最大の問題点は、網野がその組織化を中世以降の国家の確立要因の一つとして重視する「無縁」の原理とは、網野の含意においては、世俗権力にとっても欠くことのできない原理ではあれ、やはり「異域」のもの、もしくは「異種」の原理として「有主」「有縁」の原理とは区画化されつつ抱合される原理として把握されている傾向が濃厚なことである。それは網野がこれら原理の現象化をアジールとして、もしくは「原無縁」の衰弱以降、濃縮され自覚化された「無縁」の原理の生息場として宗教の領域を重視している（網野前掲書　二四五～四六ページ）ことに明らかである。

だが前近代における世俗権力の特性として網野が描こうとしたこの構図の単純な延長線上には近代主権の特性を捉えきることはできない。なぜなら、近代主権とはこの「無主」「無所有」「無縁」の原理を単に「有主」「所有」「有縁」の原理と並行的に組織化するにとどまらず、まさにこの原理そのものに根拠づけられる権力へと自己を変換することによってのみ冠絶した公権力として聳立しえた権力であったからである。これこそが近代主権が原理的な次元で普遍的に備えざるをえない属性であり、ここにはそれをしからしめる普遍的というほかない力学が介在していた。この点を明らかにするためには、近代主権がその対局に置いた「所有」「有主」の原理との関係についての考察を深めることが不可欠である。

近代主権が「無所有」「無主」の原理に立脚することによってのみ公権力として自己を確立し得たのは、「所有」「有主」の原理が普遍的な原理であるために他ならなかった。そうであったればこそ、近代主権を冠絶した公権力として立ち上げる術は、その対局にある「無所有」「無主」の原理に立脚する以外になかったのである。

では「所有」「有主」が普遍的な原理であるというのはどういう意味か。従前の歴史学はとりわけ「所有」の原理を社会の中核的な原理と見立てて、その形態変化を解き明かすべく苦闘を積み重ねてきたが、それが原理としての普遍性をもつことを解こうという問題関心と視座をもってこなかった。それはマルクス主義史学が私有権をやがて超克されるべき原理として位置付けたことが大きく作用している。近年ようやく私的所有の中核をなした私的土地所有、とりわけ農民によるそれが、前近代以来、相当程度に実質化していたことに関心が向けられはじめているが（中田薫氏の研究をはじめ、神谷智、白川部達夫、深谷克己、渡辺尚志氏らの諸研究を参照）、いまだその様相とそれを要請した社会的条件の検討にとどまり、その必然性を原理的に解き明かすまでには至っていない。

たしかにこの点は、論理的把捉を容易には許さない難問であり、筆者にも全面的に論を展開できる用意は現在のところない。ただ確実なことは、ここにも「無主」「無縁」「無所有」の原理が間違いなく介在していることである。所有の中でもっとも重要な土地所有の問題においてこれを見れば、土地が本性的に「無主」の存在でしかありえず、人間によって所有しきれないからこそ、それを所有しようという衝動と観念が発生するのである。

そもそも土地を所有するということ、すなわち人間と土地との関係が所有―被所有の関係として成立するということは、土地と人間が区分され、対自的に向き合うことに他ならない。しかし太古においては土地も人間も自然の一部であり、分化して相互が向き合う関係ではあり得なかった。この点に関して網野が、土地所有の問題に関してではないが、「自然にまだ全く圧倒され切っている人類の中には、まだ、『無縁』『無主』も、『有縁』『有主』も未分化なのである。（中略）『無縁』の原理は、その自覚化の過程として、そこから自らを区別する形で現われる。おのずとそれは、『無縁』の対立物、『有縁』『有主』を一方の極にもって登場するのである。」（網野前掲書　二四三ページ）と両原理の関係を把握しているのは啓発的な示唆を含んでいる。土地と人間がなにがしかの契機によって未分化であった自然状態を脱し、分化して向き合い、そして土地は人間によって原理的に所有しきれるものではないことが自明となってはじめて土地を「所有」という形でつなぎ止めようとする衝動と観念が発生する。少なくともその条件を前提としてのみ、「所有」という土地への関係の在り方が成立し得たことは間違いがない。換言すれば、一見逆説的ではあるが、土地が本性的に「無主」「無縁」の存在でしかあり得ないことが、土地所有の前提であったと言えよう。これは決して形而上学的なレトリックではない。そしてひとたび人間と土地が所有―被所有という関係で向き合うや否や、それは土地の私有化への動きを開始する。

ただ残る最大の難問は、では土地と人間との関係をそのようなものに転位せしめた契機ははたして何だったのかということである。この契機としては、おそらく交換行為の介在を想定せざるを得ないであろう。交換という言わばその物の所有を放棄する行為が、実は所有の前提に他ならないと言う一見逆説的な対応関係は、以下に述べる貨幣の属性に凝縮された両者の相互媒介関係を見れば分かりやすい。すなわち、額の多寡は別にして、貨幣とは本質的に誰にでも所有しうる可能性が開かれている一方、最終的には誰にも所有しきれないもの、正確に言えば、やがて自分の所有を離れる（他の物と交換する）ことを誰もが確実視しているがゆえに、誰もがそれを所有したがる（所有することに価値を見出す）ものに他ならない。言うなれば、永遠に人々の所有を離れ続けるがゆえに、すなわち本質的に未来に先送りした交換を前提としてのみ意味のある「無主」「無縁」の存在であるがゆえに、万人に所有への衝動を喚起しつづけるものが貨幣である（岩井克人『貨幣論』一九九三年　筑摩書房）。ここにおいて「所有」の原理は「無主」「無縁」の原理に裏打ちされてのみ成り立つものであることが鮮明に見て取れよう。

これと同様の関係が人間と土地との間の関係にも当てはまる。ただし土地の場合、歴史的経緯として見れば、土地それ自身の交換が直ちに前提になるのではなく、土地を前提にした生産物が交換の対象となることによって「無主」「無縁」の原理を身にまとい、そこに生産物と土地とを区別する観念がそもそも存在しないという状況が介在した結果、本来生産物がまとった原理が土地そのものにも転位したというのが真相であろう。

あらゆるものは即事的には「無主」「無所有」「無縁」の存在である。ただしそうであることにおいてそれは反転的に「有主」「所有」「有縁」の原理を創出する。それを媒介するのが交換である。すなわち交換の介在によって、人間は否応なく自らの「外部」にあって自らの意志ではどうにもならない「もの」、すなわち「無主」「無所有」「無縁」の「もの」を介して他人との関係を取り結ぶことになる。その他人との関係は、自ずと「無主」「無縁」「無所有」の「もの」を自らの「もの」にするという「もの」への関与の相互行為である。こうした形態での「もの」への関与こそが「所有」を生み出す契機に他ならない。この交換行為の生成が普遍的であるかぎり、「無主」「無所有」「無縁」の原理の介在を必須の要件として「有主」「所有」「有縁」の原理が反転的に発生するという事態は、普遍的な社会的リアリズムに他ならない。

近代公権力とはこうした意味での普遍的な「所有」の原理を公認し、それを公認し得る主体として自らは「無所有」の原理を内面化したことによって成り立つ（内面化する以外には成り立たない）権力であった。ではそれが擁立されざるを得なかった歴史的経緯とはどのようなものであったのか。またそれが「無所有」「無主」の原理に立脚したことが、どのような規範を要請するのか。以下、章を変えて述べてみたい。

Ⅱ　近代主権確立の歴史的前提とその特性　―「無所有」の原理と近代公権力―

日本における近代主権とは、土地の所有権を住民の土地私有権というもっとも徹底した形態において追認したことと表裏の関係においてのみ確立し得た公権力に他ならない（土地私有権と近代主権との関係については、鈴木正幸『国民国家と天皇制』二〇〇〇年　校倉書房）。そこに至る過程において、まず優先的に追求されたのは権力の集中であった。ただ注意すべきは、幕末・維新期において幕藩体制の再編によっては権力の集中を成し遂げ得る条件はもはや大きく制約されていたことである。その状況をもたらしたのは、農民的土地所有権の実質的進行に起因する幕府の求心力の低下であった。

周知のように、兵農分離がかなりの程度徹底した近世日本社会においては、所領から切断されて（あるいは知行地すらない状態で）城下町への集住を強要され、藩からの禄米受給者としての地位におかれたことによってもはや所領支配の個別的主体ではなくなりつつあった武士の境遇とは対照的に、直接耕作者である農民は土地所有の実質的主体としての立場を次第に強めつつあった。もちろん、形式的には依然藩領という形態で上級的土地所有権は存在し、また年貢の納入主体であった村（村落）による農民個人の土地の売買（質入れ）に対する介入・規制は根強く存在した。この村民の土地処理に対する村の関与を村の間接的土地所持権として重視する見解も存在する（渡辺尚志『近世村落の特質と展開』一九九八年　校倉書房）。だが留意すべきは、土地所有とは本来そうした重層性を帯びるのがむしろ自然であり、特に村内の土地に対する村の権限は直接耕作者である農民の土地処理を抑制するかに見える側面もあったとは言え、その介在が農民の土地所有の権利を実質的に保全していたことである。さらに言えば、私的土地所有とは、本来その純理とは背馳するかにも見えるなにがしかの共同体的な担保によって保全されながらも、同時にその軛を脱して自己を純化しようとする契機を一貫して内包する点にこそ、その本質があったと言えよう。

幕末期においては、この村の関与との間に緊張関係を孕みながらも、農民の土地への権利は実質的な私有権化の方向をしだいに明確にしつつあった。これは、逆に武士の上級的土地所有権をさらに名目化していくことに他ならなかった。この状況を背景に、農民の側は幕府や領主権力に対する攻勢を強めていった。こうしたなか幕府がかろうじて支配の正当性を維持する術は、効果的な軍役動員の中核たり得るか否かという点に限定されていった。そうであったればこそ、西欧諸国の外圧に直面して、幕府の軍事的対応能力の欠如が露になった時、幕府は急速に求心性を喪失していかざるを得なかったのである。この幕府のおかれた状況が、外圧の衝撃を拡大したと言えよう。

軍役動員を有効に担えない幕府が国内の統括権力としての求心性を低下させたことは、各藩が土地を分有していることによって生じる分節化された権力構造を急速に顕在化させることになった。この状況が深刻であったがゆえにこそ、諸侯の合議による国内の意志の集結を目論んだ公儀政体構想は動揺を余儀なくされ、そうではあってもなおこの状況を克服することが必須の課題であったがゆえにこそ、それ以上にドラスティックな権力集中の手段が模索されざるを得なかったのである。この意味で、王政復古、版籍奉還という方策が矢継ぎ早に実行に移されたのは、渦中で奔走した当事者の言動に即して見るかぎり不確定な政治的投企の帰結に見えようとも、けだし必然だったのである。その点を踏まえたうえで注意すべきは以下の点である。

第一に、王政復古は、当事者たちの主観的認識はどうであれ、あくまで暫定的措置以上の意味をもたないということである。なぜなら、王政復古は徳川将軍家の土地領有権を否定しただけであり、諸侯の土地領有権はそのまま温存されたため、諸藩によって分節化された権力構造は解消しなかったからである。そうした状態の権力構造が継続すべき必然性は極めて希薄という他はない。

第二に、諸藩の土地領有権を否定した版籍奉還は、その実現に至るまでに幾多の曲折を孕みながらも、基本的には武士身分による土地領有権の自己否定として実行されたということである。諸藩が領有権を朝廷に返還すると言う形式のもとに土地領有権を自己否定したこの措置は、王政復古の基本的理念である王土王民論の正当性が承認され、不可逆の政策的指針として実質化し始めたかにも見えなくはない。

しかし問題は、はたして王土王民論とは政策的実効性をもつものであったかと言うことである。大義名分としてはともかく、実質的に進行していた土地の私有権化を名実ともに否定して「王土」として再編することは不可能であったと言うほかはない。王政復古とともに「公論」の吸収と広汎な人材登用の必要性が高唱され、「王政」が君主による排他的な政権の独占ではないことを宣明せざるを得なかったことは、はしなくもそれと不可分にあった王土王民論がその形式的な純粋理念そのままでは実効力をもつものではないことを黙示していた。

では、大義名分としての王土王民論とは別に、権力が住民に対して実効的にその正当性を保持し得る手段ははたして何であったか。すでに実質的に進行していた土地の私有権的運用を公認し、それを公認し得る主体として自己を立ち上げ、それを根拠にその冠絶性を確保すること、これである。この意味で、近代公権力とは地租改正の実現なしには確立し得る根拠をもたなかったのであり、そこに至る道筋は純理的に織り込みずみであったと言えよう。当事者の認識の中にこの道筋を自覚した痕跡が確認しがたいことをもってして、この純理のなかにこそ不可逆で峻厳なリアリズムが貫徹していたことを看過してはならない。土地私有権が普遍であるかぎり、これは単に歴史的経緯の所産ではなく歴史的推移を規定する社会力学的な公理の発現に他ならなかった。悪名高い治安維持法が私有財産制の「否認」を「国体」に対する侵害と結び付けて弾圧の姿勢を露にしたのは、奇しくもこの力学に権力の側が屈服せざるを得なかったことを戯画的な形で示すものに他ならなかったのである。

Ⅲ　公権力の中空化と立憲制 ―― 立憲制の必然化とその曲折 ――

住民の土地私有権を公認し、それを公認しうる主体であることを自らの正当性の根拠としてその対局に自己の確立をはかった近代公権力は、非領有権力、いわば「無所有」の統治権力に他ならなかった。前述したように「所有」の原理それ自身の発生の根拠でもあった「無所有」の原理は、まさに近代公権力の存在根拠として取り込まれ、その本質的属性となった。この原理の内面化を形式的要件としてのみ近代公権力は特立した冠絶的統治権力であることをその「公共性」の証しとして標榜し得る権力、すなわち近代主権として他を凌駕し得る条件を確保し得たと言えよう。

冠絶的権力として他を圧し得ることの正当性をその「無所有」性に求めた近代主権は、同時に「無主」の権力でもあった。その意味で近代主権それ自身は、固定的な実体のない中空状態の権力、言わば非在の権力に他ならなかった。したがってそれはその担当者を据えることなしにはそもそも権力としての実体はなく、また作動しない権力でもあった。そうであったがゆえに、それはつねに担当者の外部からの調達によってその実体化をはからなければならない一方、一貫してその担当者と主権そのものが乖離した存在と見なされる傾向が避けがたかったのである。後に天皇主権説と天皇機関説の対立が発生する主因はここにあった。またそれは、日本近代政治史が一貫して政権奪取をめぐる熾烈な抗争、すなわちどの勢力がそれを構成しようとも、それは主権の「公共性」に見合わない不適格な権力であるということを論拠に、相互に政敵打倒のための応酬を繰り広げるという激烈な対立が必然化される根拠でもあった（今日われわれが目にする近代日本政治史研究の多くが、詳細であるにもかかわらず知的感興に乏しいのは、この対立の局面描写に自己を限定しているためである）。

日本の近代主権が右のような特性を備えていたかぎり、その構成勢力たりうる資格要件を出自、功績などその勢力の属性的条件や政治的実行力にもとめることは元来不可能であり、あくまでその選出基準に形式的合理性を与える以外にはなかった。例えば、明治初期の立国過程において大久保政権の実行力や政府部内の統括力、人心収攬（しゅうらん）力が優先的に考慮された段階があったとしても、それは政権担当の正当性として持続的に承認され得る条件ではあり得なかった。近代主権の本性を制度的に保全するための措置、すなわち立憲制の採用が反政府勢力だけでなく、政府の側からも積極的に模索されざるを得なかった根拠がここにあった。

では、近代立憲制はどのような方策によってこの課題に応えようとしたのであろうか。右に述べた中空構造に特色づけられた日本の近代主権を公権力として実質的に作動させるためには、以下の二点の方策によって、その担当者を調達する以外にはなかった。一つには、代議制の制度的導入である。住民の土地私有権を公認し、その対局に特立した非領有の統治権力にとって欠くことのできない存続条件である徴税の代償として、納税代表の立場に立った所有者の政権参画要求を完全に拒絶することは不可能であった。その要件を満たすために、代議制によって所有者の意向を制度的に吸収し、議会に集約することは、立憲制導入の眼目でもあった。

ただその際に重要なことは、権力の冠絶性を確立するための地歩として公認した土地私有権を住民が絶対不可侵の自然権的権利と捉え直し、その観念を根拠に自らの私的欲望を無限に肥大化させ、その肥大化した欲望が代議制の回路を通じて政治的アリーナに投入され公権力を翻弄しかねない可能性をいかに除去できるかであった。

帝国憲法とは、住民に自らの権利の淵源をあくまで公権力による分与と永続的に観念させることによって、その可能性を未然に阻止するための実定法的最高規範でもあったのである。帝国憲法の制定意図のなかにこの狙いが込められていたことは、帝国憲法制定の最高責任者であった伊藤博文が、その制定過程の最終段階である枢密院での審議の場において、憲法にはあえて自明な臣民の権利保障の条文は不要であり、むしろ臣民の権利の制限条項だけを盛り込むべきであるとした一見反動的な森有礼の主張のなかに憲法以前的な自然権的権利意識の残臭を嗅ぎ取り、それを払拭するためにあえて権利保障条項を列記することによって臣民の「権利」を実定法的領域に限定しようとする姿勢を見せたことに端的に示されている（丸山真男『日本の思想』一九六一年　岩波新書　三九～四二ページにこの点についての示唆的な言及がある）。それはまた、住民の欲望が天賦人権論的な観念を後ろ盾に肥大化し、国権論と結合して統御不可能なナショナリズムとして暴発しかねない事態に対する防御措置でもあった。

　こうした住民の権利意識に対する観念操作に加えて、公権力が公権力でありつづけるためには納税者の利益の保全だけでなく、無産者をも含めた全住民の利益を「保護」しうる主体を擁立することが必要であった。そうであればこそ第二に、無産者を含めた全住民の中から「有能者」を選抜し、国家的職業身分（官僚）として継続的に登用することが必須の課題にならざるを得なかったのである。そしてその上で議会に集約された有産者の「総意」に対して行政権の相対的優位性を保障する制度的措置を盛り込み（帝国憲法第六七条・七一条）、公権力の機能を所有者の代表による支配もしくは恩寵（おんちょう）的住民保護としてではなく、超越的ないし無私的「保護」として合理化し、公権力を「無私の公共権力」として演出していくことが前述した公権力の属性を忠実に体現するためには避けがたい選択であった。この意味では、帝国憲法の施行とともに超然主義の理念が明確にされたのは、けだし必然だったのである。

　ただし問題は、超然主義はそれ自身のうちに自らを融解させる以下のような背理を含んでいたということである。問題の起点は、そもそも超然主義の大前提である執行権力の優位化を保障する方策は、憲法の条文だけでは不十分であり、最終的には君主大権の「委任」として合理化する以外にはなかったことである。それは憲政の超然主義的運用に批判的であった美濃部達吉でさえ、「行政官庁は皆天皇から大権の一部分を委任せられて居るもので、総ての行政官庁の権限は、皆天皇の大権に外ならぬ」（美濃部達吉『憲法講話』一九一二年　九一ページ）こと自体は承認せざるを得なかったことに端的に示されている。

　では、執行権力の優位性を担保しうる大権を保持した君主の「絶対性」は何によって保障されるのか。それはもはや時空の彼方にある「至尊性」に求める以外にはなかった。すなわち「神祖開国以来、時に盛衰ありと雖、世に治乱ありと雖、皇統一系宝祚の蔭は天地と與に窮なし」（『憲法義解』岩波文庫版　一二一ページ）というように「天壌無窮（てんじょうむきゅう）」の国体神話によるほかなかったのである。帝国憲法があえて「天皇ハ神聖ニシテ侵スベカラズ」（第三条）という条文を盛り込まざるを得なかったのは、それなくしては「大日本帝国ハ万世一系ノ天皇之ヲ統治ス」（第一条）という大前提が成立しないがために他ならなかった。これによって、天皇の「至尊性」の法的承認という形で大権が憲法の条文のなかで「至上化」される一方、大権の立憲的正当性は不断に超立憲的な天皇の「神聖性」のなかに解消するというトートロジーが生み出されることになった。「憲法に殊に大権を掲げて之を条章に明記するは、憲法に依て新設の義を表するに非ずして、固有の国体は憲法に由て益々鞏固なることを示すなり。」という『憲法義解』の記述（同前）はこの両側面の苦肉の集約であった。

これは天皇大権に超立憲的効力を認める親政論的君主制ないし天皇主権説的君主制への慣性が始動する起点であった反面、政党内閣制への道筋が必然化される起点でもあった。なぜなら、天皇の神聖化はおのずと天皇不答責制を前提とせざるを得ず、天皇不答責制を堅持するためには責任を負うべき主体の別置、すなわち大臣輔弼（ほひつ）制へと帰着せざるを得ないからである。そして他の実務官僚とは異なる「大臣に特別なる責任は唯議会に対する関係に於てのみ存するもので」（前掲『憲法講話』一四八ページ）あり、また内閣の審議を要する重要国務であるほど「総ての内閣大臣が共同に其の責に任じなければならぬ」（同前　一三四ページ）かぎり、大臣輔弼責任とは必然的に議会に対する内閣連帯責任以外にはあり得なかった。議会に対して連帯責任を負う内閣とは、まさに政党内閣に他ならない。

すなわち、近代公権力をその属性に見合った「無私の公共権力」として正当化するために導入されなければならなかった立憲制は、君主の「至尊化」によって超然主義の後ろ盾となる一方、まさに君主を「神聖」なる存在に祭り上げたがゆえにこそ政党内閣制を必然化せざるを得なくなるという曲折を内包していたのである。政党内閣制が天皇機関説によって憲政に忠実な政権形態として支援される反面、一貫して憲政からの逸脱であるとして天皇主権説の攻勢に晒され続けなければならなかった根拠がここにあったと言えよう。

Ⅳ　政党内閣制の隘路

憲政の導入によって議会に対する内閣の連帯責任制が必然化され、その結果として政党内閣制への移行が不可逆となったとしても、それは直ちに執行権力が議会に従属することまでを必然化するものではなかった。なぜなら、その属性ゆえ「無私の公共権力」として自己を再生産していかなければならなかった日本の近代公権力は、きわめて限定的にしか代議制に譲歩することはできなかったからである。それゆえ政党内閣制に求められたのは、執行権を事実上君主から切り離して内閣に移管した上で、内閣の施政方針を形式的に議会の「総意」に連結することによってその存立基盤の強化をはかり、実質的には内閣の議会からの自立性を維持し続けることであった。さらに言うなら、議会主義なき内閣中心主義を打ち立て得る方策として着目された点に日本における政党内閣制構想の特質があった。

戦前期日本において政党内閣制擁護のもっとも代表的なイデオローグであった美濃部達吉は『憲法講話』のなかで「近来は議院政治の国でも、内閣の勢力が追々に増進して、国会よりも寧ろ内閣の方が勢力が強く、内閣が議会を統率し、指導して行くというような有様でありますが、是は内閣の大臣が議会の多数党の領袖であるが為めで、詰り内閣が国会を其の後援となし、間接には国民を其の背後に有って居るが為であります。」（前掲『憲法講話』一七四～七五ページ）というように、内閣中心主義の有力化を立憲主義国における自然的趨勢（すうせい）として肯定的に捉えているが、これはまさに日本における政党内閣制のあるべき形態を展望したものでもあったのである。また、すでに一九〇八年の第二四議会会期後に第一次西園寺内閣の内務大臣であった原敬が、次年度予算案が無修正で通過した実績を「是れ従来の議会中其例を見ざる所にして政党に根拠を有する政府の力なる事明らかなり。殊に政府党たる政友会の如きは何時も議会に多数の出席を見て総ての案に通過を計りたり。…即ち此等の事実は憲政上の一進歩と認むるに難からざるべし」（『原敬日記』一九〇八年二月八日）と自賛していることは、議会を宰領しうる政府与党を抱えた強力な内閣の樹立に政党内閣制の効用が求められていることを裏付けるものと言えよう。

こうした状態を安定的に創出しうる政府与党に裏付けられた強力な内閣に施政の中心を移すことは、形式的にではあれ、代議制によって構成された権力に所有者だけでなく無産者をも含んだ全住民の利害の包括的「保護」を担わせる方向への転換でもあった。そうであればこそ、漸次選挙権拡大、さらには普通選挙制へと政党を支える母体層を拡大していかざるを得なかったのである。

しかし問題は、「国会を其の後援となし、間接には国民を其の背後に有」つ政党内閣にとって政党の選出基盤の拡大は、内閣の存立母体の拡大である反面、内閣の施政を拘束しかねない圧力の増大でもあったと言うことである。したがって党の選出母体の拡大とともに自ずと代議制のなかで有力になりかねない命令委任の契機をいかに抑制するかということが、政党内閣制を所期の狙い通りに機能させるうえで必須の課題にならざるを得なかった。その成否を左右する鍵は、各選挙区の利害に拘束されがちな党内を統制し得る党幹部専決体制をいかに構築できるかであった。ふたたび美濃部達吉の言をかりれば、「民衆的政治（デモクラシー）に独裁的政治を加味する」ことによって、党内と議会を統御し得る体制をいかに効果的に創出できるかであった。政党内閣制が本格化し始めたとされる一九二〇年代後半から一九三〇年代前半の時期において、地方分権構想や選挙制度改革構想を中心に、代議制を媒介に立ちのぼる利益要求の圧力の遮断やそれを統御すべき党内有力者支配の確立条件が執拗に模索されたのはこのゆえに他ならない（この点に関しては拙稿「日本政党政治史論の再構成」『国立歴史民俗博物館研究報告』三六、一九九一年を参照）。この模索の当否は別にして、代議制は代議制を超克する原理に補完されることなしには所期の機能を発揮し得ないと言うのは、代議制の裏面に内包された峻厳なリアリズムという他はない。

だが、この代議制を補正する原理として党内有力者支配を導入する試みは、最終的に当事者間の合意には至らず、その結果、普選の採用以降も強固に残存した地域有力者秩序のもとに収束した利益要求は統御されることなく放置された。通常「党弊」と呼び慣わされるこうした政党政治の現状が特に大きな非難を浴び、政党政治の致命傷にまでなったのは、この政党政治の現状が、前述したように、全住民に対して冠絶した「公共性」を体現しなければならなかった近代公権力の正当性を揺るがしかねない問題であったがためである。政党政治下で冷遇されていた新官僚勢力の反政党内閣指向、すなわちこうした政党政治の現状を政党政治の構造的欠陥として鋭利に摘発し、全国民的利益を「国益」として包括、顧慮し得る主体として自らの存在意義を押し出す政治的言動が一定の支持を集めていった根拠がここにあった。それら新官僚勢力の動向は、準戦時体制以降、社会民主主義勢力とも部分的に協調しながら、既成政党勢力を減殺するための選挙粛正運動、さらには代議制を経由せずに住民を直接掌握するための国民再組織化運動へと急進化し、戦時体制下において進行する近衛新体制運動、大政翼賛会運動の布石ともなった。

V　対抗原理としての二大政党制構想の位置と意義

先述したように、近代主権を確立するために住民に土地私有権を公認することによって自らは非領有権力としての性格を鮮明にし、冠絶した権力として住民に向き合う以外になかった近代日本の公権力は、特定の勢力がその存在論的資性に基づいて掌握し行使することができないという意味において、中空構造化せざるを得ない属性を帯びていた。したがってそれを現実に作動させるためには、形式合理的な手段によってその担当者を調達し、その中空部分を埋める以外にはなかった。その形式合理性の要件を満たす手段は土地所有者の代表を代議制によって政権に吸収すること、ならびに全住民の中から「有能者」を国家的職業身分（官僚）として行政の専門者に登用すること、そして漸次代議制を担保する母体を拡大していくこと、以外にはあり得なかった。

この意味において、近代日本の公権力は君主制を焦点にして、一見相反する超然主義と政党内閣制の両原理をともに内包せざるを得ない権力であり、その結果として、現実の政権形態の振幅は双方の原理を両極にしてその範囲内にとどまらざるを得ない必然性を帯びていた。したがって、この振幅を越えてこれらに対抗しうる有効な政権形態を展望することは、極めて困難であったという他はない。行論中で明らかにしたように、公権力の属性上、代議制を採用しながらも専門官僚制が欠くことのできない構成要素であったかぎり、この範囲を脱し得る権力構成原理の要件はそれをいかに効果的に抑制し得るかであった。換言すれば、それは議決権力の実質的優位性の確保、つまり多数政党を媒介に内閣に統括される議会ではなく、内閣の意志を統御できるような議会政治の構築でなければならなかった。これらの条件を備えた政権形態とは、二大政党制を前提にした政党内閣制以外にはあり得ない（拙稿「民本主義論の終焉と二大政党制論の改造」『史林』八〇―一　一九九七年）。

ではなぜ二大政党制を前提にした政党内閣制は議会の相対的優位性を保障し、官僚制を抑制できる政権形態として期待されたのか。その理由は二大政党制の前提である選出勢力の二大勢力区画化に連動させて官僚勢力の党派的系列化をはかることによって、官僚勢力への党派のイニシアチブの行使が可能になると目されたこと、これである。これこそが、大隈重信の「国会開設奏議」から一九三〇年代の二大政党制構想にまで一貫して込められた目算である。

これを推進することが二大政党制構想の大きな眼目であったがゆえにこそ、大隈の「国会開設奏議」においては、行政事務の一貫性・中立性を維持するに不可欠な事務官僚層の身分を「永久官」もしくは「永久中立官」として保障する一方で、上級官僚を「政党官」として党派的任用と系列化の対象とすべきことの必要性が提唱され、また一九二〇〜三〇年代にかけて二大政党制の確立を模索した蠟山政道は戦後に至ってもなお「政党の責任において一定範囲の官職を選任し」、「メリット・システムによる行政官僚とともに…両者の長所を発揮せしめること」（蠟山「民主主義過程としての総選挙」一九四七年二月、蠟山政道評論著作集三『議会主義と政党政治』一九六〇年中央公論社　所収、五三ページ）を提言せざるを得なかったのである。

官僚層を事実上党派のもとに系列化する党色人事とは異なって、それを制度として保障することは、単に官僚層にとって脅威であっただけでなく、執行権力の自立性と優位性を要件としなければならなかった近代日本公権力の属性に背馳する措置であった。そうであればこそ、この二大政党制を前提にした政党内閣制構想は、一貫して強力な反体制構想たり得た一方、逆にいかに強力ではあってもしょせん反体制構想として擯斥（ひんせき）されつづけたのである。

ようやく近年に至って、二大政党制が政界の内外で本格的な注目を集めている。だが、二大政党制が単に劣位に立たされた党派の勢力伸張のための便法や、政界の集合離散に対する事後的な説明原理にとどまるのか、あるいは切実な実現課題としてそのシステムとしての長短を慎重に吟味する議論が展開されるのか、予断を許さない。

おわりに ― 戦後憲法体制への展望 「国民主権」と保革対立、国際関係 ―

戦後憲法のもとでの公権力の問題に関して本格的な議論を展開する用意は、現在の筆者にはない。よって、これまでに述べた論点との関連で重要と思われる点にごく概括的に触れて、むすびにかえたい。

まず大前提として挙げなければならない点は、有産者・無産者をともども含んだ国民を主権者に据えた戦後の公権力（主権）は、「無所有」の権力として住民から冠絶した戦前の権力とは理念上異なった権力へと性格を変えたということである。これを契機に、多くの国民が公権力による「保護」を自らの「権利」と捉え直すとともに、公権力への参画の意欲を強めてしかるべき条件が形成された。

だが問題は、この国民の権利意識と権力への参画意欲の増進とともに、むしろ主権者である国民の「総意」が及びにくい次元へと「公」の領域が空間的に拡大し、国民の意向が関与できる回路を実質的に遮断せずにはおかないモーメントが作用し始めたのではないかということである。主権国家独自の判断と操作によってはその枠組みを大きく変えることができない国際関係領域にかかわる問題が、国内政治の行路を大きく規定する与件としてその比重を高め始めたことがこれにあたる。世界的規模での冷戦構造、すなわち東西対立が保革対立という形で国内政治勢力を二分化する最大の要因として作用しながら、主権国家独自の意志によってはその枠組み自体は変えようがなく、関与する術はいずれの陣営に与するかの「選択」の問題でしかあり得なかったという状況は、とりも直さず、主権者である国民の「総意」が発揚すべき主権国家の自己決定権の大きな制約に他ならなかった。

こうした状況が常態化すると、国民は主権国家を自らの意向の彼岸で暗躍する存在として視線の彼方に追いやり、やがてその意識から抹消する。そして、自己の決定権の枠を超えた領域の問題であることを根拠に、主権国家の行動原理に関する説明責任の極小化が国民主権の軽視にはあたらないとして合理化される事態に直面し続けなければならなかったとき、国民の主権国家への無関心は急速に主権国家に対する違和感、苛立ち、不信感へと転化する。主権国家に対してこうした疑念をつのらせた国民は、主権国家の構成原理を「虚偽」と認識し、その統治原理と国民生活への関与を全面的な「抑圧」と受けとめる意識を先鋭化させてゆく。閉塞感をともなったこうした心情の瀰漫（びまん）が、冒頭に触れた国民国家批判に感覚的に共鳴する素地となっているのが、悲しいかな今日の状況である。

主権者の関与を阻む国家とそれをもたらす状況は克服しなければならない。しかし、主権国家を生成しつづける内的条件と力学への真摯な省察を欠いたまま、この国民の心情を追い風にその現状「批判」のみを突出させて、そこからの離脱を煽るのは安易な扇動でなければ無責任な「癒し」という他はない。

今後盛んになるであろう「論憲」の場で何より必要なのは、主権国家の存在理由を徹底的に吟味、熟考することなのである。それを中核に据えた「論憲」の活性化を期待したい。

明治地方自治制と大日本帝国憲法から近代日本を考える

奥村　弘

はじめに

本報告は、丸山真男以来、石田雄や藤田省三ら、[1]いわゆる丸山学派によって、近代日本を解く重要な問題群として議論されてきた、明治地方自治制（一八八八年制定の市制町村制と、一八九〇年府県制および郡制によって制度化）と大日本帝国憲法の関係に焦点をあてることによって、近代日本における憲法の歴史的性格を大づかみに論じることを目的とするものである。

憲法と地方自治制の関係についての研究は、両者の関係の社会編成上の関連を重んじる丸山学派と、憲法を重んじる伊藤博文と地方自治制を重んじる山県有朋の対立という構図を描き、両制度を対立的に把握する政治史[2]の二つの流れがあった。私は、明治一〇年代後半の伊藤と山県の政局における対応において、憲法と地方自治制が政策的な対立軸を構成してはいなかったし、伊藤も山県も憲法と地方自治制が一体として形成されるべきであると考えていた点は共通しており、このような政治史的把握は成り立たないと考えている。その論証はすでに行っており、[3] ここでは、そのような制度形成過程についての把握を前提として、両者が一体のものとして形成されることとなった理由に注目して議論を進めていく。

明治地方自治制の基本的理念を最初に提示した市制町村制には、制度の理念と実施方法を説明した四万字にもわたる市制町村制理由が附属しているが、このような長大な附属文書を持つ法律は、この時期の他の法律には見られないものである。詳細な解説付きの法律というこの異例な形式そのものに、明治地方自治制による地域運営がこれまでと大きく異なっていることが読み取れるのである。説明をしなければ地域住民に理解されないものであることそのものに、明治地方自治制の理念とそこから生じる運営原理が現実社会と乖離しているものであることが示されているのである。実際、市制町村制の施行直前には、近世の町村レベルでの研究会が多数開催され、新聞でも制度について解説する記事が連載され、さらに多数の地方自治制度の解説書も刊行されるというように、それまでの地方制度の改正時にはなかった動きが全国的に見られたのである。

明治維新後、廃藩置県や地租改正を経て地域社会の運営は変化しはじめていた。しかしながら、このような体系的な地域運営秩序が政府によって地域社会に持ち込まれることは、はじめてであった。この歴史的な経緯そのものに、この時期の国家と社会のあり方が鋭く反映しているのであるが、さらにこの秩序の骨格が、第二次大戦後、日本国憲法と地方自治法が形成されるまで変わることはなかったことを考えるならば、この体系的な秩序は日本近代全体を覆うものであったといえよう。そしてそれは、近代のシステムを否定し、新たな体系的な秩序を形成しようとした日本国憲法と地方自治法にも影響を与えるものであったと思われる。そこで本報告では、まず明治地方自治制のもつ体系的な理念について考察することとする。

Ⅰ　明治地方自治制の秩序体系の特質

（1）明治地方自治制の基本的な秩序としての名誉職制

明治地方自治制の体系的な秩序は、一八八八年に公布された市制町村制において基本的に示された。その理念の最も基礎になるものが名誉職制であり、これと関係して、それまでの地域運営では、存在しなかった公民権、等級選挙制という制度と、不要公課町村という概念が提起された。このうち税によらない、つまり公課が不要であるという不要公課町村という理念は当初からほとんど実現されなかった。また町村において二級、都市において三級の等級選挙制は、普通選挙制によって廃止されることとなった。

しかし理念の中核をなしていた名誉職制と、自治体住民から名誉職を担う公民を選び出す公民権の制度は、地方自治法制定まで続いていった。第二次世界大戦敗戦後、内務省は明治地方自治制の大規模な修正を図ろうとして法案を用意する。この法案についての一九四六年七月四日の衆議院本会議での提案説明で、大村清一内務大臣は、地方制度改正の三つの根本方針の一つとして「地方自治団体ニ於ケル自治行政ノ運営方法ニ付キマシテ、住民ガ参与スル所ノ部面ヲ増大シ、住民ニ依ル地方自治ノ本姿ヲ顕現セシムルコト」をあげた。その上で「衆民政治ノ本義ニ立脚スル」地方行政を展開するために、「公民権及ビ名誉職ノ制度ヲ廃止」し、選挙権を住民に男女を問わずあまねく拡大すること、首長の直接選挙による公選制を導入することなどを提起したのである。[4] このように敗戦後の内務省そのものも、戦後の住民主権による地方自治の理念と名誉職制が明確に対立するものであると認識していたのである。

それでは名誉職制とはいかなる理念に基づく制度であろうか。「市制町村制理由」では、これについて「分権ノ主義ニ依リ行政事務ヲ地方ニ分任シ、国民ヲシテ公同ノ事務ヲ負担セシメ、以テ自治ノ実ヲ全カラシメントスルニハ（中略）概ネ地方ノ人民ヲシテ名誉ノ為メ無給ニシテ其職ヲ執ラシムルヲ要ス、而シテ之ヲ担任スルハ其地方人民ノ義務ト為ス、是国民タル者国ニ尽スノ本務ニシテ、丁壮（二〇歳以上の男子―奥村）ノ兵役ニ服スルト原則ヲ同クシ、更ニ一歩ヲ進ムルモノナリ」と述べている。

ここには二つの意味が込められている。第一は、自治とは地域住民自身が行うものであり、基本的に国家の官吏や給与をうける専門の吏員がおこなうものではないということ、第二は、住民が自治に参加するのは権利ではなく国家への義務であり、したがって無給で任にあたるとされたのである。そしてその職務内容が、本来国家が行う統治権の一部への参与であるがゆえに、そのことを名誉と考えて職務を遂行せよというものである（国家への義務であるため、不就任に対しては町村会決議による行政罰の規定が設けられていた）。[5]

公民は、市町村の住民中、名誉職の選挙・被選挙をもつものをいい、その権利を公民権と呼んだ。公民の要件は、その町村に居住する住民のうち二五才以上の男子で一戸をかまえ、禁治産者でなく、二年以上その町村に居住し、町村の負担（町村税などの納入）を分任し、かつ地租を納入するかもしくは直接国税二円以上を納入するものとされた。国家に対して直接納税の義務を負うことを前提として、その上で町村において財政負担をするものだけに町村政治への参加が認められたのである。

（2）明治地方自治制の三つの特質

①名誉職制―国家的義務にもとづく権利という理念

この名誉職を中心とした地方自治の理念とそこから成立する制度は、三つの特色をもっていた。第一は、この名誉職の理念においては、住民の固有権として自治というものが発想されていないということである。あくまで「自治」とは国家的な義務を自発的に負担したものに対して、統治権の一部を与えるという形をとるものであった。

地方自治制成立史の諸研究で明らかなように、明治地方自治制の理念には、憲法調査のためにドイツを訪れた伊藤博文に大きな影響を与えたプロイセンの国法学者であるグナイストと、その弟子で日本に来日し、明治地方自治制の制定に直接携わったモッセの影響が極めて強い。そのことの独自の意味はのちにふれるが、ここではグナイストが、ドイツ留学中の伏見宮に対して語った名誉職制の意味について以下に史料を掲げておきたい。グナイストは次のように述べた。

国ニ対シテ義務ヲ多ク与フルト云コトハ、村ヨリ始マルコトナリ。大ナル事ヨリ云フトモ到底行ハル丶モノニ非ズ。村ノ事ニ於テ、租税ヲ多ク払フモノニ選挙権ヲ与ヘ、名誉ヲ付シテ以テ義務ヲ尽クサシムル学校ニ為ス可シ。（中略）此事ハ伊藤公ニモ数々此説ヲ述べ、其同意ヲ得タル事ナリ。義務ヲ尽スモノハ権利ヲ与フルト云フハ、権利ヲ有セシムルニ止マラズ、必ズ其権利ニアル事ヲ果サシムルノ義ナリ。（中略）義務ヲ尽ス可キ人ニシテ之ヲ果サザルトキハ、租税ヲ多ク課シテ圧制シテ義務ヲ果サシムルナリ。是民主主義ノ元素ヲ除キ去ル良手段ニシテ、他ニ方法ノアルベキコトナシ。（中略）此説ニ依テスルトキハ、多ク義務ヲ果セル者選マレテ国会ニ出ズルナラン。然ルトキハ国会ノ事業ハ経済ノ事専ラニシテ、兼テ自治政治ノ事ヲ担当スルノ輩ナレバ、決シテ憂フルニ足ラザルナリ。[6]

ここに見られるように、グナイストの論理では、国家に対する人々の一般的な平等性は担保された上で、国家に対してはたすべき義務の「量」、この場合は租税の納入額によって、国家からの権利の「量」が変動するとされた。租税のみでなく、徴兵や、貧民救済なども、この義務の量の中に算定されるのであるが、「民主主義ノ元素ヲ除キ去ル良手段ニシテ、他ニ方法ノアルベキコトナシ」と述べているように、グナイストは、このような形でしか人々の質的平等を基本として政治的平等を主張する急進的な民主主義や、社会的平等を主張する社会主義に対抗しえないと考えていたのである。

ここでは、民主主義を学ぶための学校としての地方自治という考え方とは逆に、国家的な義務の価値とはなにで、それをだれがどれだけ果たしているのかということ、そしてそのことが権利を多く行使する根拠であるということを学ぶための学校として、地方自治が位置づけられていた。そして、この地方自治の経験に基づいて選出された議員達は、国会レベルで民主主義的な方向に動かないと考えた。一国レベルでの民主主義的な政治動向を封じるために、「地方自治」は決定的な意味をもたされていたのである。

グナイストの構想では、地方自治制を先に施行し、そこで経験を積んでから国会を開設するということになる。したがって市制町村制も一八九〇年一一月の帝国議会開設に先立って、八八年に公布され、八九年に準備が整ったところから順次実施されたが、わずかに一年であり、実際にこのような機能を地方自治がもちうるかどうかを判断する時間はなかった。さらに府県制と郡制の実施は、憲法制定以降にもち越された。しかしながら憲法と同様に、地方自治制についての基本的な理念は、帝国議会開設に先立って決定されたこと、体系的秩序の形成に政府が民間の介入を許さなかった点は、この理念形成に大きな意味を持つのである。

先の小林報告の中で述べられた植木枝盛の例のように、天賦人権、人民に固有権があって、それにしたがって権利があり、義務が発生するというようなかたち、権利義務関係そのものを構成しようとする主体とそれを実行しようする主体が同一であるというかたちを、国家的義務をはたすものに対して権利を与えるという秩序は取らない。ここでは、権利義務の関係を構成する主体と、それを実行するものは切り離されている。権利義務関係の定立は、それを実行する住民の外に立ち現れてくる国家的義務を定めうる第三者である主権者としての天皇が担うことになるのである。ここでは社会は、主権者によって構想される義務にもとづく権利にしたがって編成されていくことになるのである。

このような構成を取って権利義務関係を説明する以上、主権者は、はたすべき国家的義務の内容を、地方自治の「権利」を行使しようとする国民に具体的な形で説明しなければならない。義務の内容を国家目的として、わかりやすく語らなければならないこととなる。日露戦後の地方改良運動や、第一次大戦後の民力涵養運動等、政府の提示する地方自治を介した国民教化運動において、帝国主義的な国家目的が直接に自治の問題と結びついて語られるのは、対外的な国家目的が一般的に重要であったということだけでなく、地方自治を展開するにあたってはたすべき国家的な義務として、明確に提示されねばならなかったからである。

②基礎的地縁団体に対する地方自治団体化の拒否

第二の特徴は、住民が組織する基礎的な地縁団体を法的には地方自治体として認めなかった点である。義務と権利の関係を構成する主体が国家である以上、それが遂行される「自治団体」もまた国家によって編成されねばならないということになった。したがってそれ以外に、実態的に地域社会において公共的な役割をはたすものがあっても、それを自治体へと改変することはなかった。具体的には、近世以来の村が、地租改正を経て改変された地縁団体や、町人の身分団体から改変された町を、地方自治体として認めなかった。

これは、第二次大戦下で戦時体制がもっとも強化され、町内会や部落会が実態的には行政と一体化し、地域運営を担うという段階でも貫かれた。一九四〇年九月一一日に内務省が制定した「部落会町内会等整備要領」は、「市町村ノ区域ヲ分チ村落ニハ村落会、市街地ニハ町内会ヲ組織スルコト」を命じるものであったが、それは内務省訓令一七号として出されたものであり、その形式においてはあくまで内務省の「訓令」であり、部落会町内会は自治体とされなかったのである。一九四三年の市制、町村制の改正においては、戦争遂行において部落会町村会の機能はさらに重視された。これにより町村制では、七二条三項で「町村長ハ町内会部落会及其ノ連合会ノ財産及経費ノ管理並ニ区域ノ変更ニ関シ必要ナル措置ヲ講ズルコトヲ得」という規定が設けられ、部落会は町村長の管轄下に置かれ、町村の一部といってもいいような存在となった。しかしながら「要ハ町内会部落会発達ノ現情ニ鑑ミ、其ノ隣保共同ノ団体タル本質ヲ尊重シツツ、之ガ適正ナル運営ト健全ナル発達トヲ図ル為必要ナル最小限度ノ規定ヲ設ケントスルモノデアリマス」（地方局行政課『昭和一八年第八一回帝国議会　市制町村制改正ニ関スル資料』）との政府説明にあるように、「隣保共同ノ団体」であるとの位置づけはまったく変更されなかったのである。

この問題は、統治を行う「官」と統治される対象である「民」に社会を二つにわける基本的な考え方が、近代日本においてつらぬかれていることの反映であった。地方自治が統治権の一部を住民に義務として担わせるという構造をもつ以上、どれだけ地域公共的な機能を担っていても、もっとも基底的なレベルでの地域団体は、廃藩置県以来、一貫して自治の基本的枠組の外側に置かれたのである。このような枠組は、違った形で第二次大戦後にも引き継がれるに至った。町内会部落会は軍国主義的であるとして、法的位置づけを廃止され、任意団体とされることとなったからである。

③専門官僚による自治体運営の排除

第三は、専門による地方自治体運営が理念としては排除されている点である。明治地方自治制においては、国家から給与をうける官吏による統治と、名誉職による無給での住民自身による自治が明確に区分されていた。現在の地方自治体は、それとして巨大な官僚機構をもっているのであるが、明治地方自治制では、町村レベルにおいて官僚的システムは理念的に想定されえないものとなっていた。

実際には、無給という点では、名誉職制はほとんど機能しなかった。市制町村制施行によって選出されたる町村長の一二二三九名の内、有給吏員は二〇五九名で六分の一、まったくの無給者は一四名で、一〇一六六名が報酬をうけていた。助役も同様で、一二八一二名中、有給吏員二〇一八名、無給者四四名、一〇七五〇名が報酬をうけていた。このように、ほとんどの場合、名誉職の町村長や助役などには報酬が渡されており、その総額は、有給職の小学校訓導の最高額を上まわることも少なくなかったのである。[7]

しかし、職務に専念しなければならない有給者に対して、名誉職就任者の場合は、兼職が当然とされる点で、官吏のあり方とは質的に大きく異なっていたのであり、そこに町村長が国家に対して自立化する動きが生まれることになった。また、戸数七〇〇戸人口三〇〇〇人程度の平均的な町村で、有給吏員である書記は四、五名が基本と、実態的にも基礎的な自治体の専門官僚化はほとんど進んでいなかったのである。

東京、京都、大阪など六大都市を除けば、都市でも官僚機構は小さかった。たとえば姫路市では、市長以下の市役所構成員は、一九二五年（大正一四）年の人口は五万五千人、これに対して市吏員は、第一表のように病院関係者を含めてわずかに八四名にすぎなかった。[8] これは市制施行時の二五名（人口二万数千人）に比べるならば三倍強になっているのであるが、二〇〇〇年現在の指定市を除く市の一般公務員が平均千人程度、同じく町村の一般公務員が平均一三〇人程度であるのに比べるなら、[9] 吏員数は極めて少なかった。兵庫県で例をとるなら、二〇〇二年現在の人口が五万二千人弱の赤穂市の職員が九六四名、五万人強の加西市が七七六人であり、[10] 当時の姫路市の職員は、現在の同人口の市の一〇分の一程度にしかすぎなかったのである。

吏員数の増加をこえて展開する明治後期から大正期にかけての都市における行政需要に対して、姫路市では市内の各町が重要な役割を果たしていくことになった。市内全町が市の行政との関連で会議を開催するとの記事が、町の記録にはじめて表れてくるのは、一九〇八年（明治四一）に「武徳殿」（武道場）建設について、各町総代に募金の依頼を行ったことが管見の限り初見であるが、やがてこのような動きをうけて、一九一一年（明治四四）年には、市中の全町からなる姫路市各町総代会が結成された。この総代会は、一九一四年（大正三）年には、

第１表　昭和元年姫路市吏員人員および俸給表

	人員	俸給月額(一人平均)
市長	1	458.33
助役	1	225.00
収入役	1	133.33
視学	1	133.33
主事	4	119.79
技師	4	183.33
書記	51	56.57
技手	8	91.88
掃除監督	1	62.00
掃除巡視	5	48.80
北条病院医員	2	159.17
北条病院事務員	1	57.00
公設市場事務員	3	52.00
姫山公園職員	1	56.00
計	84	

書記には書記補、技手には技手補が含まれている。
『大正15年姫路市統計書』より作成。単位は円。

市役所から自立化し、市民の世論を反映する機関であるとの会則をもつ新たな団体となり、水道問題や電灯問題など大正期の市運営に大きな位置を占めるようになっていくのである。市運営において法的に位置づけられていないにも関わらず、このような団体ぬきでは、都市運営は成り立たなかった。農村部のみならず、都市においても有給の市職員だけで基本的な都市運営が行われていたわけではなかったことに注意をはらっていただきたい[11]。

Ⅱ 明治地方自治制と大日本帝国憲法の関連

それでは次に、このような明治地方自治制の特質がいかに大日本帝国憲法の基本構造と関連しているのかを考えてみたい。

(1) 帝国憲法の編成原理と明治地方自治制の関連

第一は、明治地方自治制の社会編成原理が、帝国憲法と一体となって、社会契約論的な社会編成原理を徹底的に否定するという特質をもっていたことである。憲法そのものの正統性が君主主権によって説明されていたとしても、地方自治が前近代的な身分的な固有権が転換していたものと考えられていたり、地域住民が自ら支出する費用による自主的な運営システムであるがゆえに、その運営権をもつという原理によって形成されるならば、天皇主権の原理は常に脅かされることになってしまう。地方自治制というもっとも基底的な権力においても、国家への義務としての自治という形式をとることによって、君主と国民がそれぞれ固有権をもって契約しているという君民共治的な社会編成、住民の権利による地方自治という社会編成原理が、国家の運営原理に影響を与える可能性は排除されたのである。これによって、地方自治体における住民自治の主張を実現するためには、憲法体制全体を変更せねばならなくなったのである。

明治一〇年代には、住民自治による地域社会編成へと転換してく可能性は、政治史的にみれば決して小さくはなかった。このような形での社会編成は、自由民権運動の中で強く主張されたことであり、一定の固有権を国民に認めざるを得ないという議論は、明治十四年政変まで政府部内においても強い影響力をもっていたからである[12]。

第二には、これを国際的に見るなら、先のグナイストの議論の引用にもあるように、明治地方自治制および帝国憲法で取り入れられた社会編成原理は、平等主義的、社会主義的な要求を押さえ込むことを目的とするものであった。これは一八四八年革命およびその後ヨーロッパ社会で展開していった事態を日本で起こさないようにすることを意図するものであり、同時期の資本主義の発達がまだあまり進んでいない日本においてこそ、予防的な意味合いをもって構築されたのである。すでに見てきたようにグナイストの論理においては、すでに国家に対する人々の一般的な平等性は担保された上で、国家に対してはたすべき義務の「量」によって、国家から与えられる権利の「量」が決められるという論理をとっていた。

その意味では、地方自治制と明治憲法が一見、国民主権に基づく憲法にくらべて、古いもののようにみえながら、実際には、世界的な資本主義拡大のなかでの急進的な民主主義や社会主義の成立という状況に対応するために構築された、同時代的な反動的国家法体系だったのである。しかも注意すべきは、ヨーロッパ社会ではすでに人民の固有権的な原理が展開していたことによって、このシステムを体系的には実現できなかったのであるが、日本においては、これが体系的に導入された点に特色があった。

第三は、帝国憲法では、天皇主権をとるにあたって君主権を自己制限する形をとっているが、そのような制限のひとつとして、義務に基づく権利の体系としての地方自治、住民による地方権力の運営が可能となった。廃藩置県によって統治身分としての武士が解体され、官僚による人民の統治という社会編成原理が成立する。この過程で、身分団体として構成員を拘束する近世の町や村の運営とことなる、新たな地域における権力編成原理が、「民」と位置づけられた人々の側から、自由民権運動の課題の一つとして提起された。また政府が考える範囲での地域運営における地域住民の参加は新たな政策の展開に必要であり、そのようなシステムは官僚の側からも求められていたのである。しかしながら統治者「官」と非統治者「民」という二元的編成を取る以上、「官」でも「民」でもない、人民の固有権からなる独自の地方の権力、地方自治を構成することは、原理的にはきわめて困難だったのである。

住民の固有の権利としての地方自治という国家の統治権に抵触する理念と異なる義務としての自治という社会編成原理が、大日本帝国憲法と明治地方自治制によって構造的に組み立てられたことによって、歴史上はじめて政府の側から積極的に地方自治概念が提示されたのである。

第四は、このような国家的な義務による地方自治を形成しうる権力とはいかなる権力であるのかということ、憲法制定権力としての天皇統治の正統性および日本国家領域の正統性（国民編成そのものの正統性）の担保はいかに可能となったのかという問題である。このことについては大日本帝国憲法に規定されてはいなかった。憲法が君主権の自己制限というかたちで構成される以上、君主権そのものの説明は憲法外において行われることとなったのである。

大日本帝国憲法には、その前文ともいえる皇祖皇宗に対する明治天皇の「告文」および、「憲法発布勅語」が付随する。皇祖皇宗に対して明治天皇「告文」を行うという形式にもみられるように、君主権の正統性は、歴史的に天皇と国民が一体であり、そのことがすばらしい国家を作ってきたのであるという歴史的な証明によっている。「憲法発布勅語」では、これについて「惟フニ我カ祖我カ宗ハ我カ臣民祖先ノ協力輔翼ニ倚リ我カ　帝国ヲ肇造シ以テ無窮ニ垂レタリ」と述べているが、天皇統治の正統性は歴史的に形成された即自的な天皇と国民の一体性=「国体」によって説明されたのである。ここでは、天皇と国民の一体性が生じる根拠については、はるか昔からそうであったという物語に置き換えられており、君主権の制限が、天皇と国民の契約的関係の問題として展開することを排除していたのである。さらに日本の領域もこの「共同体」の範囲として、「告文」で「八洲民生ノ慶福」というかたちで見られるだけであった。

しかしながら歴史的一体性の強さとそれにより立派な国家をつくることができたという論証は、かならずしもだから未来もそうなるということを実際的に担保するわけではない。むしろ歴史的な「成功」の強調は、歴史的にそうだっただけでなく、当然現在も未来においてもそのようにならなければならないという論理をもち込むこととなる。国家目的が次々と現実化していくことによってはじめて、秩序理念が安定することになるのである。「万国対峙」にしろ「八紘一宇」にしろ、近代日本国家は国家目的を設定し、そしてそれを次々と実現するということを必然化せねばならなかったのである。したがってこのような国家目的が実現しえなくなることは、個別の政策の是非をこえて、憲法と地方自治制による国家秩序そのものを脅かすことになっていくのである。

第五は、補論的になるのだが、天皇と国民の一体性の強さは、植民地形成において特殊な日本の論理をもたらすことになった。たとえば鈴木正幸は、このような一体性の強い国体論の形成が植民地形成に与えた影響について「こういう形態で国体論が『完成』したため、それは、他民族を国民共同体から排除する排外的性格を帯びざるをえなかった。それゆえに、台湾領有によって他民族を国家の範囲に包摂した時、天皇がこの他民族を統治することの正当性は、この家秩序的国体論では弁証できなくなった」と述べ[13]、さらに帝国憲法体制と国体論は、植民地領有を前提とせず構築されたと述べた。

グナイストやモッセが、植民地領有を前提としない国家モデルを考えていたのか、帝国主義的な世界体制の形成にかれらの国家構想が対応できていなかったかについては、今後の研究を待ちたいのであるが、どちらにしても近代日本において、「満州国」形成にいたる植民地編成の問題は[14]、明治憲法体制や地方自治のあり方に深い関係をもっていたのである。

（2）丸山学派の日本近代認識の問題点

はじめにでも述べたように、明治地方自治制と憲法の関係をとらえるという視角そのものは、丸山学派や講座派の流れを引き継ぐ戦後の日本近代史において共通するものであった。しかしながら、これらの研究では、本稿で問題としてきたような明治地方自治制そのものの持つ秩序のあり方を分析するのではなく、藤田省三の議論においてもっとも精緻化されるように、基底的な社会の秩序を国家の制度として整序していくものとして、アプリオリに設定されていた[15]。

しかしながら、本報告で見てきたように、明治地方自治制は、基底的な社会に形成されつつある平等主義的な民主主義や社会主義的な秩序が、国家的なものへと転化することを切断するために、これと対抗する形で形成されてくる巨大な法体系の根幹のひとつとして導入され、形成されはじめた日本社会の上にのしかかっていたのである。社会的階級的矛盾を調和する社会の根底にあるとされた、藤田省三の言うところの「共同態原理」は、現実の基底的な社会における秩序そのものではない。むしろ国家の必要性により、国家の側から、あるべき地域社会のあり方として地方権力運営に原理として持ち込まれたものだったのである。本章では論証を省くが、近世社会の変容と明治維新以降の身分制解体の中で形成されはじめていた町村レベルの基底的な地方権力運営秩序を、明治政府は国家編成原理として制度化しえなかったのである。

丸山学派は、憲法および明治地方自治制によって秩序化された国家と社会の秩序関係、近代日本社会がこうあってほしいという関係を「再発見」することによって近代日本社会を体系的、構造的にとらえようとした点で、重要な研究史上の意義をもった。しかしそこではあるべき国家と社会の関係を、現実の社会の実態と見なし、それを基礎として国家構造そのものの特質を論証しようとしたために、形成されつつある地域社会そのものに生まれてくる秩序原理とそれと対抗的な近代日本の法体系の独自の意味をとらえることが出来なかったのである。なお近世以来の町や村のあり方を共同体論や、封建的社会論に一般的に解消するような戦後の歴史学の動向は、この「発見」に「実証的」な根拠を与える役割をはたしてきたのではないかと考えている。

おわりに

明治地方自治制と大日本帝国憲法による体制が、日本国憲法と地方自治法の体系へ転換することによって、すでに述べてきたように主権原理と関係する名誉職制に基づく秩序体系もまた廃棄されることとなった。しかしながら、この際、基礎的な地縁団体が基礎的な自治体として認知されないという明治憲法体制下につくられたシステムは維持された。

部落会町内会は、一九四七年五月のポツダム政令によって法的には解散されるが、三ヶ月以内に約八割の部落会町内会は任意団体として再建されており、実態的にはその機能は維持され、その後も農村部を中心に部落会町内会は機能しつづけた。にもかかわらずこのレベルの自治体を構築することはなかった。地租改正から、現在まで一三〇年間にわたって、基礎的な地縁団体は自治体運営において重要な役割を担いながら、それを公共団体として位置づけ、それにふさわしい運営形態を地域社会の中で展開し、積極的に制度化することはなかったのである。

そのことは地方自治法のあり方にも反映していた。戦前の地方自治制においては、官僚的な行政システムと異なり、地方行政を第三者である地方公務員に委ねるのでなく、国家のために住民自身が直接担う義務があるというかたちで、住民が直接地方自治を担当するという制度的枠組があった。たとえば町村制第八条では、「公民」について「凡町村公民ハ町村ノ選挙ニ参与シ町村ノ名誉職ニ選挙セラルルノ権利アリ又其名誉職ヲ担任スルハ町村公民ノ義務ナリトス」とされ、選挙権を持つことと、町村を運営する役職に選出されることが一対のものとして理解されていた。

これに対して、一九四七年四月一六日に公布された地方自治法における住民の章で（第十条から十三条）で、住民の権利義務について次のように規定していた。第十条では、住民は「普通地方公共団体の財産及び営造物を共用する権利を有し、その負担を分任する義務を負う」とされ、第十一条では、「普通地方公共団体の選挙に参与する権利を有する」とされた。第十二条では、条例の制定および改廃を請求する権利と、地方公共団体の事務の監査を請求する権利が規定され、第十三条では、議会の解散を請求する権利、地方公共団体の議員や首長等の解職を請求する権利が規定されていた。ここから明らかなように、地方自治法では、住民は自ら地方自治を行う執行主体となることよりは、むしろ機構としての自治体の存在を前提にして、地方自治体の利用者であること、自治体運営を担う地方公務員を選出し、これを監督するものであることが強調されていたのである。

このような住民概念の提起と、教育委員の公選制にみられるような直接的な地方自治との関係が当時いかに考えられたについては今後の課題としたいが、すくなくとも地方自治法そのものに、専門官僚による自治体運営を行うという秩序が組み込まれていたのである。

一九五三年の町村合併促進法によって、その後三年間で自治体数は、一万弱から四千弱へと急激に減少するが、大規模な役場機構による町村運営方式を前提とした地方自治法の自治理念それ自身が、そのような自治体運営にふさわしい規模への町村の合併への道を開くことになっていくように思われる。なおこのような自治体の形成は、日本のどの場所においても、同等の行政水準を確保するという、第二次大戦以前から地域社会に展開していったナショナルミニマムの問題と関連すると思われるが、これについては今後の課題としたい。

1　さしあたって藤田省三『天皇制国家の支配原理』（未来社、一九六六年）を参照。
2　御厨貴『明治国家形成と地方経営』（東京大学出版会、一九八〇年）一四二ページ。

3 拙稿「公民権・名誉職制・等級選挙制—地域社会編成からみた明治憲法体制—」(京都大学人文科学研究所紀要『人文学報』六七号、一九九〇年)。

4 「東京都制、府県制、市制、町村制等の一部を改正する法律案の大村内務大臣の提案理由説明」『史料日本の地方自治』第二巻、一九九九年、学陽書房、二〇六ページ。

5 石川一三夫『近代日本の名望家と自治』(木鐸社、一九八七年)。

6 「グナイスト氏談話」『西哲夢物語』(『明治文化全集』第一巻、四五八ページ)。

7 奥村前掲論文五二ページ。

8 姫路市史編集専門委員会編『姫路市史第五巻下』(平成一四年)四九ページ。

9 総務省「地方公務員給与実態調査」(平成一二年四月一日現在)から概算した。

10 平成一四年度『兵庫県統計書』、なお県費負担教職員を除く。

11 なおこれに対して、六大都市を中心とした大都市においては官僚制的なシステムは不可避であって、そこでは地方自治制の理念とは異なった形で、近代史研究において「都市専門官僚」として概念化されたような、政府官僚とは異なる官僚群が生まれる。このことは近代日本社会の社会編成上においても、歴史的な展開においても独自の意味を持つのであるが、それについては本報告では扱わない。これについては、さしあたって小路田泰直『日本近代都市史研究序説』(柏書房、一九九一年)を参照。

12 拙稿「兵庫県における改進党系政治運動の展開過程—兵神交詢文社を中心に—」(新修神戸市史紀要『神戸の歴史』二〇号、一九九〇年)および、「三新法下における府県会の特質について」(『神戸大学文学部紀要』二七号、二〇〇〇年)を参照。

13 鈴木正幸「植民地領有と憲法・国体」『国民国家と天皇制』(校倉書房、二〇〇〇年)一五〇ページ。小林報告注21とあわせて参照。

14　拙稿「『満州国』街村制に関する基礎的考察」（京都大学人文科学研究所紀要『人文学報』六六号、一九九〇年）。

15　拙稿「近代地方権力と『国民』の形成—明治初年の『公論』を中心に—」（歴史学研究会『歴史学研究』六三八号　増刊号「歴史の転換と民衆運動」、一九九二年）および「天皇制と地域社会」（鈴木正幸編『近代日本の軌跡7近代の天皇』吉川弘文館、一九九三年）を参照。

なお本研究は、二〇〇一～四年度科学研究費（基盤研究(C)(2)、研究代表者奥村弘「市制町村制下における地方自治体形成過程の研究」）による研究成果の一部である。

大日本帝国憲法と日本国憲法

小路田　泰直

はじめに――憲法とは何か――

我々は永く翻訳応用型の学問に慣れ親しんできた。だから自ら根源的な問いを発することを忘れてきた。近代とは一つのモジュールであって、外圧によって否応なしに与えられたものだといった言い方をされると、つい近代とは何かを自ら問わなくてもいい安心感に包まれてしまう、奇妙な隷属意識におかされてきた。だから憲法を論ずるときも、そもそも近代民主主義国家になぜ憲法が必要なのかといったことを、それ自体を問う必要は感じてこなかった。近代民主主義国家にとって憲法が必要なのは当然のこととして、その上で近代日本はいったいどのようなタイプの憲法――イギリス型かドイツ型か――を選択したのかといったことにだけ、関心をはらってきた。

しかし我々はもうこれ以上、翻訳応用型の学問の域に止まり続けるわけにはいかない。それだけこの国は、もう後進国的であり続けることができなくなってしまったということである。そこで本報告も、近代民主主義国家になぜ憲法が必要なのか、それを問うことから始める。

そこで重要なことは、この国の経験からいえば、憲法が誕生する前提となった近代民主主義とは、実は次のような言説の上に成り立つ世論政治のことだったということである。

天命不寧、天の命する所則民の帰する所也、民の帰する所は徳器の備る人なり……民の訟獄謳歌これに帰するを以て天の与ふるを明らかにす、夫れ一人一族一郷一邑の善悪願欲或は私にあるも多けれど、億兆の人の皆善とし悪とする処は一箇の私心にあらざる故に、皆天下の公理也、天下の公理は則天の心なり、人君一箇の私にかゝはらずして、公理を以て心とするにあらざれは、天命を享けて天職を治むとはいひ難し、（松平定信『楽翁公遺書』上、八尾書店、一八九三年、九ページ）

一人一人の人間の意思、「一族一郷一邑」の意思それ自体は、いたって私利私欲に満ちた、到底理性的とは言い難いものである。しかしその一人一人の人間や「一族一郷一邑」の意思が集まって作り出す「億兆」の意思は、常に正しく、「私心」なき「天下の公理」としかいいようのないものである。かかる言説の上に成り立つ世論政治、それが近代民主主義だということである。だからそれは、私利私欲に満ちた「悪」――しばしばそう表現される――としての個々人の意思と、私心なき「絶対善」としての「億兆」の意思（世論）との矛盾を、常に抱える政治システムだったということである。

なおここでは、一八世紀末に行われた寛政改革の指導者、松平定信の言説を取り上げたが、国民を単なる統治対象としてしか捉えなかった徂徠学的発想を克服し、世論をもって国家統治の最高規範にまで押し上げた松平定信の寛政の改革こそ、まさにこの国における近代民主主義形成の起点に位置する政治改革だった。

したがって近代民主主義には、必ず、「悪」としての個々人の意思と、私心なき「絶対善」としての「億兆」の意思とを媒介する、私利私欲に満ちた個々人の意思から「絶対善」としての「億兆」の意思を作り出す、何らかの媒介（ブラックボックス的なもの）が必要となった。合わない二つのもの——「悪」と「善」、私と公——をむりやり合わせる何らかの制度が必要となった。その制度的媒介が、実は憲法だったのである。だから近代民主主義に憲法は不可欠だったのである。

I　大日本帝国憲法の構造

天皇主権

さてそれでは、憲法が一人一人の私利私欲を前提に、「絶対善」としての世論を作り出すための仕組の法的外皮であったとすれば、各国の憲法の特徴は、その個々人の私利私欲と世論の絶対性との間に横たわる矛盾をどう解決するか、その解決法如何にあるということになる。では近代日本は、その矛盾を、どう解決したのだろうか。

一つは、世論を最終的に代表する主権者の地位を、国民中の誰彼に負わせるのではなく、もともと国民を超越した存在である天皇に負わせることによって解決しようとした。

そこで重要なことは、近代の天皇は、世論の最終的な代表者になるにふさわしい言説によって取り囲まれた存在であったということである。

例えば近代天皇制を生み出すのに決定的な役割をはたした北畠親房の『神皇正統記』などは、万世一系の天皇の統治を合理化するために、一見逆説的に見えるが、易姓革命思想を積極的に取り入れていた。歴史上悪名高い武烈天皇や称徳天皇や陽成天皇について、それぞれ「性サガナクマシテ、悪トシテナサズト云コトナシ」(『日本古典文学大系八七　神皇正統記』岩波書店、一九六五年、八八ページ・以下『神』と省略)、あるいは「尼ナガラ位ニヰ給ケルニコソ。非常ノ極ナリケリカシ」(『神』一〇五ページ)、あるいは「性悪ニシテ人主ノ器ニタラズミエ給」(『神』一一二ページ)うと述べ、その不徳故にそれぞれの家系が断絶したことを否認するのではなく、むしろ肯定していた。さらにはより一般化して「不徳ノ子孫アラバ、其宗ヲ滅スベキ先蹤(せんしょう)甚ヲホシ。サレバ上古ノ聖賢ハ、子ナレドモ慈愛ニヲボレズ、器ニアラザレバ伝コトナシ」(『神』八八ページ)、あるいは「我国ハ王種ノカハルコトハナケレドモ、政ミダレヌレバ、暦数ヒサシカラズ。継体モタガフタメシ、所々ニシルシ侍リヌ」(『神』一一六ページ)とさえ述べていた。これは明らかに易姓革命思想の影響を受けての発言であった。

また易姓革命思想を原理的に肯定するがゆえに、次にもあるように、天皇の徳を、天命を与える側の神の徳としてではなく、天命を受ける側の人の徳として説いていた。

心ニ一物ヲタクハヘザルヲ云。シカモ虚無ノ中ニ留ルベカラズ。天地アリ、君臣アリ。善悪ノ報影響(かげひびき)ノ如シ。己ガ欲ヲステ、人ヲ利スルヲ先トシテ、境々ニ対スルコト、鏡ノ物ヲ照スガ如ク、明々トシテ迷ハザランヲ、マコトノ正道ト云ベキニヤ。（『神』八三ページ）

と、「虚無ノ中」に止まらず、一度は「善悪ノ報」も経験した上で「己ガ欲ヲステ、人ヲ利スルヲ先トシテ」初めて獲得する類の徳としてそれを説いていた。

さらには皇位の歴史（皇統）について、次のように振り返り、

神武ヨリ景行マデ十二代ハ御子孫ソノマ、ツガセ給ヘリ。ウタガハシカラズ。日本武尊ノ尊世ヲハヤクシマシシニヨリテ、御弟成務ヘダタリ給シカド、日本武ノ御子ニテ仲哀伝マシマシヌ。仲哀・応神ノ御後ニ仁徳ツタヘ給ヘリシ、武烈悪王ニテ日嗣タエマシシ時、応神五世ノ御孫ニテ、継体天皇エラバレ立給。コレナムメヅラシキタメニシニ侍ル。サレド二ヲナラベテアラソフ時ニコソ傍正ノ疑モアレ、群臣皇胤ナキコトヲウレヘテ求出奉リシウヘニ、ソノ御身賢ニシテ天ノ命ヲウケ、人ノ望ニカナヒマシマシケレバ、トカクノ疑アルベカラズ。其後相続テ天智・天武御兄弟立給シニ、大友ノ皇子ノ乱ニヨリテ、天武ノ御ナガレ久敷伝ラレシニ、称徳女帝ニテ御嗣モナシ。又政モミダリガハシクキコエシカバ、タシカナル御譲ナクテ絶ニキ。光仁又カタハラヨリエラバレテ立給。コレナン又継体天皇ノ御コトニ似玉ヘル。シカレドモ天智ハ正統ニマシマシキ。第一ノ御子大友コソアヤマリテ天下ヲエ給ハザリシカド、第二ノ皇子ニテ施基ノミコ御トガナシ。其御子ナレバ、此天皇ノ立給ヘルト、正理ニカヘルトゾ申侍ベキ。今ノ光孝又昭宣公（藤原基経）ノエラビニ

テ立給トイヘドモ、仁明ノ太子文徳ノ御ナガレナリシカド、陽成悪王ニテシリゾケラレ給シニ、仁明第二ノ御子ニテ、シカモ賢才諸親王ニスグレマシマシケレバ、ウタガヒナキ天命トコソミエ侍シ。(『神』一二四〜一二五ページ)

それを、神意によって規定された予定調和的な万世一系ではなく、歴代天皇の、もし悪天皇が現れればその血統を倒し、新たな皇統を打ち立てる、血の滲むような努力——「維新」の繰り返し——の結果としての万世一系として捉えていた。

例えばEからF、LからMへの二度にわたる王家の交代があってなお引き継がれてきた万世一系を正当化するために、普通に描けば【図1】のようにしか描けない皇統譜を、BとF、IとMの間に血縁関係があることを奇貨として【図2】のように描き、一切の革命をA↓B↓○↓○↓○↓○↓F↓G↓H↓I↓○↓M↓N↓Oと続く正統への、時として生まれる傍系からの復帰(復古)と捉えていた。

Bに応神天皇、Eに武烈天皇、Iに天智天皇、Lに称徳天皇、Mに光仁天皇を入れてみればわかりやすい(拙稿「『愚管抄』と『神皇正統記』の読み方」(『東北中世史研究会会報』第一五号、二〇〇三年三月)。

なお付け加えておけば、近代の天皇は以上のような言説に取り囲まれているから、君徳の培養を求められ、拝まれる対象よりは、むしろ皇祖皇宗を拝む主体とみなされたのである。近代の天皇の外部に、三種の神器をはじめ、神宮や陵墓など、様々な祖宗の霊を象徴化する装置が配された所以であった。

そして、易姓革命思想を肯定するということは、『神皇正統記』において北畠親房が、「但下ノ上ヲ剋スルハキハメタル非道ナリ。終ニハナドカ皇化ニ不順（まつろわざる）べ」し、されど「王者ノ軍ト云ハ、トガアルヲ討ジテ、キズナキヲバホロボサズ。…義時久ク彼ガ権ヲトリテ、人望ニソムカザリシカバ、下ニハイマダキズ有トイフベカラズ。一往ノイハレバカリニテ追討セラレンハ、上ノ御トガトヤ申ベキ。」（『神』一六〇ページ）と述べて、承久の乱の敗者後鳥羽上皇を、「皇化」にこだわりすぎて「人望」を無視した廉で糾弾したように、「人望」＝世論に「皇化」をこえる最高の政治規範を求める考え方の選択を意味した。近代の天皇が誕生するにあたっては、そうした価値観の選択がなされていたのである。だから近代の天皇は、選挙こそされないが、思想上で世論の究極の代表者にもなりうる有力な存在だったのである。

【図1】

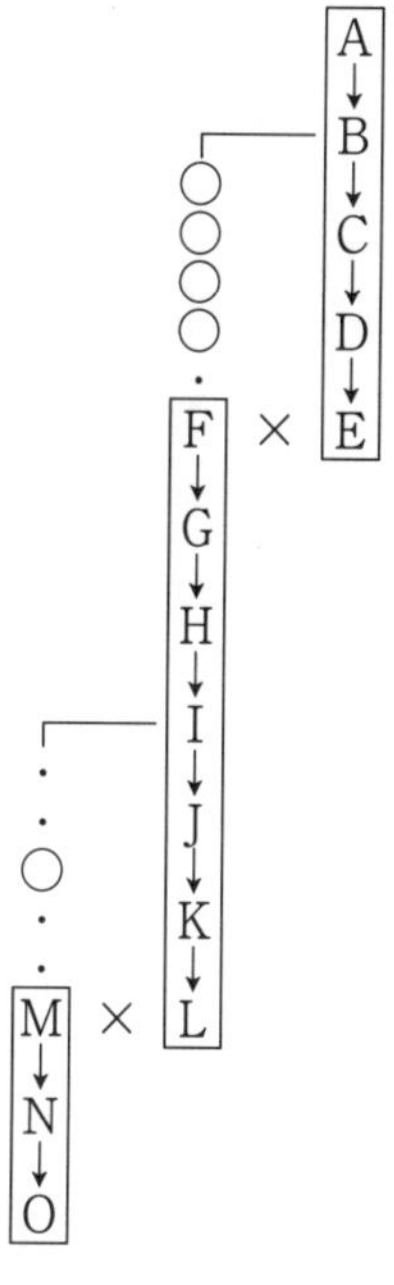

【図2】

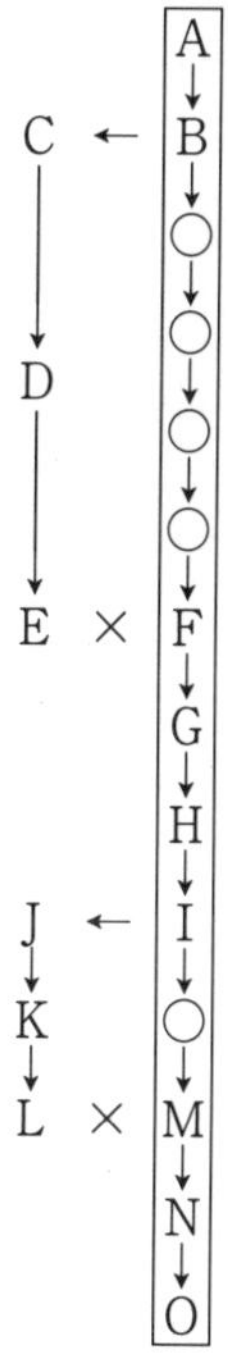

したがって、この国において、一人一人の私利私欲を前提に、「絶対善」としての世論を作り出すための第一の方法は、天皇に主権を委ね、天皇に真の世論代表を託す方法だったのである。

代表制

しかし当然方法は一つではなかった。一人一人の私利私欲を前提に「絶対善」としての世論を作り出すための第二の方法は、次の福沢諭吉の比喩にもあるように、

今の社会に於て一国政府の事に関するは人情の最も悦ぶ所なり。世に芝居を好む者甚だ少なからず。婦女子は無論学者士君子の流に至るまで雅俗共に之を悦ぶは各其見る所あればなり。然りと謂ども其観客の衆中に於て楽みを覚るの最も大なるは、狂言の作者にして自作の芝居を観る者なる可し。作者が数日以前に筆を執り、幽窓に独坐して心に工夫を運らし、何様の暗君をして何様の奢侈を恣にせしめ、何様の宝物を何処に蔵めて何様に紛失せしめ、美人薄命、忠臣零落、切歯扼腕、其収局に至て盗跖は誅夷せられ顔子は寿なりなど、、一心の中に生殺与奪を想像して之を一場の実に現はし、以て衆人の喜怒哀楽を自由自在に制御する其楽は、殆ど譬へんに物なかる可し。今政府の議政行政は此作者と役者とを兼る者にして、社会に行はる、所のものは悉皆己が想像の中に在らざるはなし。去年偶然の発意は之を議定し之を施行して今年の事実に行はれ、以て千万人の喜怒哀楽を支配す可し。今日の事実を見て感ずる所あれば明日より其改革を工夫して功業の成否を試む可し。恰も一国社会の活劇場に立て人の禍福を制御することなれば、誰れか此事に当て愉快を覚へざる者あらんや。狂言の作者も尚且多少の愉快あり。況や社会の実劇を工夫し施行するに於てをや。

（『民情一新』『福沢諭吉全集』第五巻、岩波書店、一九五九年、四七ページ）

国民の中にいて、決して国民に振り回されることのない、むしろ観客中に紛れ込んだ「狂言の作者」のように、国民の「喜怒哀楽を自由自在に制御」することのできる、層としての代表を創出し、世論の形成をほんの一握りの彼らの理性に委ねてしまうという方法であった。

さらには、それに止まらず、その層としての代表をわずか二つか三つの政党に組織し、国民の世論選択の幅を、それぞれの政党のリーダーが上から作り出すわずか二つか三つの意見に局限してしまうという方法であった。それを実際上、極少数のエリート（代表中の代表）が上から作り上げるものにしてしまうという方法であった。

ちなみに政党政治を採用することが、世論の形成をほんの一握りのエリートの専断に委ねることにつながってしまうということは、次の大日本帝国憲法の番人穂積八束の政党政治批判をみれば、逆によくわかる。

> 議院の運用は多く政党に依る。政党なる者は独立独歩して投合するものなれども、その実は多数を以て少数の行動を検束する団体たり。多数以て少数を検束すと謂う、是れ亦実は虚名のみ、その真相は正に相反し、僅々少数幹部の意見、即ち党議として全党員を拘束するが力を有するのみ、その最訓練ある者に至りては、首領一人の意志即ち絶対の党議となるに足る。是れ君主制に帰着するに非ずして何ぞや。（穂積八束『憲政大意』日本評論社、一九三五年、一九二〜一九三ページ）

いずれにしても、社会に代表制を持ち込めば、代表者の意思は必ずしも被代表者の意思に拘束されないという現実――あるいは法則――を、最大限有効に活用する方法であった。

ナショナリズム

そして第三は、日清戦争の直前、福沢諭吉が「立国は……都て是れ人間の私情に生じたることにして天然の公道に非ずと雖も、開闢以来今日に至るまで世界中の事相を観るに、各種の人民相分れて一群を成し、其一群中に言語文字を共にし、歴史口碑を共にし、婚姻相通じ、交際相親しみ、飲食衣服の物、都て其趣を同うして、自から苦楽を共にするときは、復た離散すること能はず。即ち国を立て又政府を設る所以にして、既に一国の名を成すときは人民はますます之に固着して自他の分を明にし、他国他政府に対しては恰も痛痒相感ぜざるが如くなるのみならず、陰陽表裏共に自家の利益栄誉を主張して殆んど至らざる所なく、其これを主張することいよいよ盛なる者に附するに忠君愛国等の名を以てして、国民最上の美徳と称するこそ不思議なれ。故に忠君愛国の文字は哲学流に解すれば純乎たる人類の私情なれども、今日までの世界の事情に於ては之を称して美徳と云はざるを得ず。即ち哲学の私情は立国の公道にして、此公道公徳の公認せらるゝは啻に一国に於て然るのみならず、其国中に幾多の小区域あるときは、毎区必ず特色の利害に制せられ、外に対するの私を以て内の為めにするの公道と認めざるはなし。」（『瘠我慢の説』『福沢諭吉全集』第六巻、岩波書店、一九五九年、五五九～五六〇ページ）と述べたように、国家を、正義の貫徹する普遍的な団体とみなすのではなく、地球上の一片の土地の利益に固執する「人間の私情」に出た排他的利益（国益）団体とみなす方法であった。

人々の私利私欲を公共性や正義の名において抑えつけるのではなく、それを国益という名のより大きな私利私欲に誘うことによって、一人一人の「私」と公共性の調和を無理なくはかろうとする方法であった。

これだと、一人一人の私利私欲を決して否定することなく、むしろ助長することによってそれを「善」としての世論の形成に結び付けることができるし、さらには次のような論理を用いて、

支那人を文弱なりと目して之を軽侮するは、多くは我武人流の所評にして当るものに非ず。又爰に政治学者流の評論に於ても之を軽侮するもの多しと雖ども、是亦感服するに足らず。其論に云く、兵を強くして国を護るは民心の一致に在り、民心を一致せんとするには、国民各政治の思想を抱て自から護国の念を発するに非ざれば不可なり、支那の政治風俗の如きは全く之に反するものなりとて、其旨を推して論ずれば、専制政府の下に強兵なしと云ふもの、如しと雖ども、所謂腐儒の理論にして、実際を見ざる者の言のみ。一国の永遠の大計を目的として、百年の経世上より観察を下だすときは、此論理も亦甚だ然りと雖ども、軍国兵馬の事は百年の謀に非ず。圧制政府の兵にても自由政府の兵にても、強き者は勝て弱き者は敗す可し。其強弱は、軍人の多寡と、兵器の精粗と、隊伍編制の巧拙と、国財資本の厚薄とに在て存するのみ。（福沢諭吉『兵論』『福沢諭吉全集』第五巻、三〇七ページ）

対抗する他国との均衡を維持するためという名目で、世論の質と量を客観的に確定することができる。もし「仮想敵国」が戦艦一〇隻をもったとすれば、自らも戦艦一〇隻をもたなければならないといった具合に、である。けだし国益の形成は、必ず外国との生存競争を前提にするからであった。

いずれにしても個々人や「一族一郷一邑」の私利私欲を土台に「絶対善」としての世論を形成する方法は、具体的な世論の形成者を、自らの意思を世論として標榜しうる資格をもった——天皇であれ、代表であれ、外国と対峙する軍人であれ——ごく少数の人々に限定し、私利私欲のかたまりである国民一般からできるだけ遠く切り離すことだったのである。

では以上三つの方法をとったとして、それぞれは大日本帝国憲法のいかなる部分に帰結したのだろうか。第一の方法は第一条以下の天皇主権の絶対性に帰結し、第二の方法は、政党政治の実現にも可能性を開いた国民代表制に帰結し、第三の方法は、ナショナリズムを喚起する上で最も重要な軍部への特別な配慮（統帥権の独立）に帰結した。

Ⅱ　大日本帝国憲法の矛盾

しかしかくて誕生した大日本帝国憲法は、実は当初から深刻な問題をかかえていた。それは、近代日本には、上記の第二の方法を採るのに必要な、代表たりうる人材が極めて希薄だったという問題であった。少なくともイギリスのジェントルマンのように、階層といえるほどの厚みをもっては存在しなかった。

例えば福沢諭吉が、明治一〇年代、政党政治＝議員内閣制こそ将来日本がとるべき政体だと考えるにいたった理由が次のようなものであったということが、そのことを示していた。

世の国会論者は、議員を選挙するに政府の官吏を除て議院の外に途絶し、政府は則官吏を以て組成し、国会は則人民を以て組成し、府と会と相対峙して朝野の政権を限るの分界とするの趣向なるが如し。吾党亦曾て此考案を以て国会を開くの必要なるを信じたりき。即ち本年府県会を開て議員の撰挙に官吏を除きたるも亦其意に符号したるものゝ如し。然りと雖も吾党頃ろ如何に国会を開設す可きかの問題を考究して大いに悟る所あり。今我国に於て国会を開くに当り、其模範を西洋諸邦の中に取らんと欲せば、議員撰挙の一事に就ては英国の法に倣ふを以て最も便なりとす。英米両国の国会を比較するに、其会の体裁及び会議の勢力は固より相均しと雖も、米国は官吏を撰んで議員となるを許さず、英国は之れに異にして、政府貴顕の官吏は大抵議員たらざるはなし。此法に拠れば、英の官吏は政府に在りては行政官となり、国会に在りては議政官となり、恰も行議の両権を兼るものなるが故に、英政府は常に国会議員の多数を籠絡して事を行ひ、意の如くならざるはなし。（『国会論』『福沢諭吉全集』第五巻、八五～八六ページ）

アメリカ型の大統領制に比して、イギリス型の議院内閣制の方が、「人才の淵叢」たる政府＝官僚制から代表を調達しやすい政治制度だからというのが、福沢が議院内閣制の優位性を説いた最大の理由であった。生涯、官に仕えることを潔しとしなかった福沢でさえ、こう考えざるをえない事情が近代日本には存在したのである。

「若し英国の法に倣ひ、国会議員に官吏を除くことなく、国民一般の投票に附し、以て天下人心の帰向する所に随はゞ、今の当路者は果して其撰に当らざる」かと問えば、否と答えるしかない。なぜならば「政府は人才の淵叢なるを以て、仮令ひ野に遺賢なきにあらずと雖も、全国智徳の大半は政府中にありと云はざるを得」（同前、九二ページ）ざる現実があるからであると、こう考えざるをえない現実が近代日本にはあった。ことほどさように、代表たりうる人材が、近代日本には涸渇していたのである。

逆に福沢の視野に入る国民の実態は、次のようなものでしかなかったのである。

我人民智徳の度を察するに、概して未だ高尚の域に至らずして自主自治の気風に乏しく、百千年来人に依頼して人の制御を受け、所謂政治之思想無きものなれば、国の政権に参与するが如きは此輩の知る所に非ず、又欲する所に非ず。其欲せざる所の者を将（もつ）て強て之れに与へんとし、其知らざる所のものを以て強て之に勧めんとするは、唖人に呈するに歌曲を以てし、跛者に教えて馬に騎せしむるに異ならず。本人の為めに謀り、啻に快楽を感ぜざるのみならず、却て痛苦を覚ゆるに足る可し。（『国会論』同前、六七〜六八ページ）

「本人の為めに」と思って「国の政権に参与」させようとしても、それに「快楽を感ぜざるのみならず、却て痛苦」と感じるタイプの人々でしかなかったのである。そうした国民の大海の中にあって、容易に代表としての資質をもった人材が生まれえないのは当然であった。

では代表の涸渇の結果するところは何だったのか。大日本帝国憲法が依拠した第二の世論形成の方法それ自体の機能不全であった。選挙の結果選ばれた代表が、結局は「一族一郷一邑」の利益代表でしかありえなく、一人一人の私利私欲と「絶対善」であるはずの世論を媒介するどころか、一人一人の私利私欲を直接世論形成に反映させるための媒介にしかならなかったのである。そうした代表しかいないところで代表制が代表制として機能するはずがなかった。それは当然の帰結であった。一九二〇年代半ば、一旦実現した日本の政党政治が、その腐敗（利益）政治のゆえに、わずか一〇年で崩壊を余儀なくされた有様をみれば、そのことがわかる。政党政治は軍部ファシズム運動によって外から押しつぶされたというよりも、その腐敗によって内側から倒壊したのである。

そして今一つは、代表制が世論形成にさほどの役割を果たせないとなると、論理必然的に世論形成の方法は、いきおい先に述べた第一の方法――天皇の意思の発動――と第三の方法――ナショナリズムの発動――に偏ってしまわざるをえなくなるが、そのことがもたらすこの国の危機であった。

天皇の意思への過剰な依存は、天皇親政の実質化を促すが、それはいうまでもなく、次の如き認識に支えられて保たれてきた万世一系の安定性を、著しく損なうことにつながってしまうからであった。

> 上、天子を戴き、下、諸侯を撫するは、覇主の業なり。その天下国家を治むるものは、天子の政を摂するなり。天子垂拱して、政を聴かざること久し。久しければすなはち変じ難きなり。（藤田幽谷『正名論』『日本思想大系』五三、岩波書店　一九七三年、一三ページ）

天皇は不執政であればあるほど安定するという現実を損なうからであった。

一九二〇年代から三〇年代前半にかけて急速に広がったファシズム運動の指導者北一輝の国家改造論が、天皇は「国民ノ総代表」なり、『国体論』とは民主々義を古典と儒教との被布に蔽ひたる革命論なり」（北一輝『国体論及び純正社会主義』『北一輝著作集』第一巻、みすず書房、一九五九年、三五一ページ）との考え方に立つ、天皇親政を利用した国家改造論であったことを、ここでは想起しておくべきである。いかにむき出しの天皇親政論が天皇制の存続にとって危険かが推定できる。

ちなみにこのむき出しの天皇親政論の危険性を実感するからこそ大日本帝国憲法は、第三条において「天皇ハ神聖ニシテ侵スヘカラス」と、第一条（「大日本帝国ハ万世一系ノ天皇之ヲ統治ス」）との矛盾は覚悟の上で天皇の政治的不答責を規定していたのである。また日清開戦にあたって、戦争を天皇の戦争として演出しようとする「閣臣」らに対して、明治天皇が「今回の戦争は朕素より不本意なり、閣臣等戦争の已むべからざるを奏するに依り、之を許したるのみ、之を神宮及び先帝陵に奉告するは朕甚だ苦しむ」（『明治天皇紀』第八巻、吉川弘文館、一九七三年、四八一〜四八二ページ）と、不快の情を示してみせたのである。

そしてもう一つ、ナショナリズムの過剰は、次の陸奥宗光の日清終戦に際しての決断にみられるような、一種の軍事的冒険主義を生み出してしまうからであった。

戦勝の結果、我が国の名誉は此に進張する間に我が国の責任は彼に増加せり。内外の形成かくの如くなるを以てその間往々互いに衝突するを免れざる事情を生ぜり。これを調停して双方適宜に歩み合いをなさしむるは決して容易の業に非ず。何となれば当時我が国民の熱情は諸事往々主観的判断のみに出で、毫も客観的考察を容れず。唯々内を主として外を顧みず、進んで止まることを知らざる形勢なりし。これに反して海外強国が日本に対する感情は、その意中においては互いに自ら好悪愛憎の別あるにかかわらず、日本が過度の勢力を得るを危ぶみ常にこれを抑えて中庸に帰せしめんとしたるは殆ど一致の傾向なりしかば、この内外相異の事情を調和せんとするは、あたかも電気における積消両極、もしくは数学における正負両数を合一せんとするが如く、彼此相殺して双方共に零位に陥り、両失ありて一得なきに至るの恐れなき能わず。故に政府は、今やむしろ内部の風潮をしてある程度進行せしめ、幾分か国民の希望を満足せしめたる後に非ざれば、到底外来の危勢を予防するの術なきを察したり。よって政府は、この国民敵愾心の旺盛なるに乗じ、一日も早く一歩も遠く日清の戦局を進行せしめ、一分も余計に国民の希望を満足せしめ置きたる上、更に外来の事情を酌量し、将来国家の安危に対し外交上一転の策を講ずるの外なしと思料せり。（陸奥宗光『蹇蹇録』岩波文庫、一九八三年、一八〇～一八一ページ）

日本の極端な膨張を何とか抑えようとする欧米列強の圧力と、さらなる膨張を求める日本の世論がぶつかりあったとき、まずは日本の世論を優先させ、その上で列強が堪忍袋の緒を切らせて介入してくるのをまって、今度はそれを理由に国内世論を――例えば「臥薪嘗胆（がしんしょうたん）」といった言い方をして――沈静化させるといった、アクロバティックな軍事的冒険主義を生んでしまうからであった。いうまでもなく、他国との、いざとなれば戦争も辞さないほどの激しい競争関係を演出しなければ、ナショナリズムを世論形成のために動員することはできないからであった。

諸外国の圧力が、三国干渉程度のものにとどまり、まだ日本の自由に利用できるものであるうちはそれでもよかった。しかしその軍事的冒険主義が、超大国の本当の怒りを買うようになると「大東亜戦争」の敗北のようなことしかおこらなかった。したがってこの種の軍事的冒険主義は国家にとって危険極まりないものだったのである。

だから戦前期の日本は、逆にその破綻をまねかないよう、自らの手足をしばるために日英同盟の締結以来、ヴェルサイユ＝ワシントン体制への積極的参加など、超大国との協調関係を維持するために血のにじむような努力を重ねたのである。

Ⅲ　大日本帝国憲法から日本国憲法へ

さて、「刊行にあたって」において私は、日本国憲法と大日本帝国憲法の間に存する連続性について述べた。では日本国憲法は以上述べてきたような大日本帝国憲法の矛盾を、どう乗り越えたのだろうか。

一つは、個々人の私利私欲と「絶対善」としての世論の間によこたわる矛盾を解消するのに、過剰に天皇の意思に頼ることを防ぐべく、天皇の象徴天皇化をはかった。二度と天皇親政という政治システムが現実的に作動することがないようにするためであった。天皇親政論がいつの間にか天皇＝現人神論にまでなってしまった、一九三〇年代に対する深い反省からであった。

そして二つ目は、たとえ国民がどれほど私利私欲に富んだ存在であり、また社会が適切な代表を欠いていても、そのことによって代議制そのものが崩壊してしまうことを防ぐために、民主主義というものに対する考え方を改めた。

元来国民の政治参加の度合いをあらわす概念であるはずの民主主義を、かつて大正デモクラシーの旗手吉野作造が「所謂民本主義とは、法律の理論上主権の何人に在りやと云ふことは措いて之を問はず、只其主権を行用するに当つて、主権者は須らく一般民衆の利福並に意嚮を重ずるを方針とす可しといふ主義である。即ち国権の運用に関して其指導的標準となるべき政治主義であつて、主権の君主に在りや人民に在りやは之を問ふ所でない。」（「憲政の本義を説いて其有終の美を済すの途を論ず」『吉野作造選集』二、岩波書店、一九九六年、三〇〜三一ページ）、あるいは「勿論此主義がヨリ能く且ヨリ適切に民主国に行はれ得るは言ふを俟たない。然しながら君主国に在つても此主義が、君主制と毫末も矛盾せず行はれ得ること亦疑ひない。何となれば、主権が法律上君主御一人の掌握に帰して居ると云ふことと、君主が其主権を行用するに当つて専ら人民の利福及び意嚮を重んずると云ふこととは完全に両立し得るからである。然るに世間には、民本主義と君主制とを如何にも両立せざるものなるが如く考へて居る人が少く無い。之は大なる誤解と云はなければならない。」（「憲政の本義を説いて其有終の美を済すの途を論ず」三一ページ）と述べたように、政治がどの程度「一般民衆の利福並に意嚮を重ずるを方針」で行われているか、その政治の目的をあらわす概念に改めたのである。主権の所在とは何の関係もない概念に改めたのである。

そうすることによって政治の意思決定を、天皇であれ代表（代議士）であれ、何らかの形で世論を代弁する人たちの手から、政治の執行主体である官僚たちの手に移したのである。一言で言えば、代表制に「絶対善」としての世論の形成を期待しなくてもいい体制を作り上げたのである。

ではそのことの証拠は。日本国憲法において、公務員＝官吏の主権者に対する服従義務が、なんらの形においても規定されていないことである。日本国憲法における公務員に関する規定といえば次の二つであるが、

第一五条【公務員の選定・罷免権、全体の奉仕者性、普通選挙・秘密投票の保障】
① 公務員を選定し、及びこれを罷免することは、国民固有の権利である。
② すべて公務員は、全体の奉仕者であつて、一部の奉仕者ではない。
③ 公務員の選挙については、成年者による普通選挙を保障する。
④ すべて選挙における投票の秘密は、これを侵してはならない。選挙人は、その選択に関し公的にも私的にも責任を問はれない。

第七三条【内閣の職権】内閣は、他の一般行政事務の外、左の事務を行ふ。
四　法律の定める基準に従ひ、官吏に関する事務を掌理すること。

第一五条は、主に選挙で選ばれる公務員に関する規定であり、試験で選抜される一般の公務員に関する規定ではない。しかも公務員は「全体の奉仕者」とは記されてはいても、主権者に服従すべき者とは記されていないのである。要はアメリカ合衆国憲法にある、アメリカ合衆国大統領は「すべての合衆国公務員を指名し、上院の助言を得てこれを任命する」（第二条）とか、ドイツ連邦共和国基本法にあるドイツ大統領は「連邦裁判官、連邦公務

員、士官、下士官を任免する」（第六〇条）とかいった規定が憲法のどこを探しても存在しないのである。

もし「全体」とは何かを解釈する権利が、主権者にではなく、それへの「奉仕者」たる公務員自身にあるとすれば、日本国憲法は、暗々裏のうちに公務員集団（官僚制）の憲法外的自立性――新たな超然主義――を認めていたことになる。それは、日本国憲法下において、政治の意思決定が、天皇であれ、代表であれ、主権者の手から、政治の執行者である官僚たちの手に、事実上移管されていたことの証拠であった。

なお、こうした民主主義概念の切り替えをはかるために戦後民主主義は、自らの原型を、吉野作造の民本主義に代表される大正デモクラシーに求めたのである。そのための歴史観を戦後歴史学として創造してきたのである。

そして第三は、ナショナリズムの動員が、まちがっても国家を破滅に導くような軍事的冒険主義に発展しないように、憲法第九条を設け、自らの手足を厳しく縛ったのである。

ただしそこで重要なことは、日本国憲法は、ナショナリズムの動員が軍事的冒険主義に発展することは警戒したが、世論の形成をナショナリズムの動員に頼るという手法それ自体は、決して放棄しなかったということである。今述べてきたように、大日本帝国憲法下とは異なり、日本国憲法下においては、「絶対善」としての世論を形成するのに、天皇の意思に頼るわけにも、国民代表の理性に頼るわけにもいかなくなっていた。といって、主権者に服属して初めてその能力を発揮する官僚たちの筋違いの「全体」判断に完全に頼るわけにもいかなかった。結局、活用可能な世論形成の手段としては、その方法しか残っていなかったからであった。

だから日本国憲法は、軍事的冒険主義への志向を厳しく戒める一方で、国民の一部に強烈な反米ナショナリズムの芽生えるのを放置したのである。というよりもむしろ助長したのである。かつて陸奥宗光が、ロシア、フランス、ドイツの三国干渉（遼東半島の中国への還付要求）への国民の反発を助長し、それを利用して逆に日清戦争の円満な終結をはかった、あの故知に倣うかのように、である。

ではそれはどのようにして助長したのか。憲法第九条の草案を日本側に提示した時、マッカーサーは、それをもって日本は世界のモラルパイオニアになればいいではないかと、およそ心にもない議論を展開したが、幣原喜重郎首相はあっさりと、でもフォロアーは永遠に現われないだろうとそれを受け流した。しかしにもかかわらず表向きは、このマッカーサー的理想主義が〝公式の憲法解釈〟として流通することを阻止しなかった。そうすることによってそれを助長した。日本社会党の非武装中立論に見られるような極端な理想主義的憲法解釈は、日本をして目下の軍事同盟者たらしめようとしていた「アメリカ帝国主義」の意図を打ち砕くのに十分な武器になりえたからであった。

ただし、とはいえその反米ナショナリズムが、まちがって真の反米ナショナリズムに発展することだけは阻止しなければならなかった。陸奥が、国民の三国干渉への反発（臥薪嘗胆）が本当に対露開戦論に発展することだけは、防がなくてはならなかったようにである。だから反米ナショナリズムを助長する一方で、日本国憲法は日米安全保障条約を憲法を超える規範として受け入れることも忘れなかった。そのための条項が、次の憲法第九八条だったのである。

第九八条【憲法の最高法規性、国際法規の遵守】①　この憲法は、国の最高法規であつて、その条規に反する法律、命令、詔勅及び国務に関するその他の行為の全部又は一部は、その効力を有しない。
② 日本国が締結した条約及び確立された国際法規は、これを誠実に遵守することを必要とする。

アメリカの意思を日本の世論として受け入れる体制をとったのである。

むすびに

さてそれでは、以上の分析を踏まえたとき、我々は今日の憲法改正論にどのような態度をもって臨まなくてはならないのか。

憲法それ自体の限界を指摘し、その克服を志すこと自体に反対する必要はない。しかし憲法第九条だけに偏った改正には反対しなくてはならない。それは、この国が、戦前、最後には世論形成を軍事的冒険主義の発動に頼らざるをえなかったことの、余りにも安易な軽視につながるからである。

憲法の改正をいうのなら、まず、これまで大日本帝国憲法制定以来一一〇余年の間、代表制的な世論形成の方法を安定させることのできなかった、この国の民主主義の弱点の克服こそ優先させなくてはならないのである。国民国家の相対化がいわれる時代であるが、真の国民代表制の確立こそ優先させなくてはならないのである。第九条の改正は、論理的には一番最後に行うべきことなのである。なぜならば代表制的世論形成システムを円滑に機能させることができなかったからこそ、大日本帝国憲法体制は「大東亜戦争」に向かって暴走し、日本国憲法は第九条という歯止めを用意しなくてはならなかったからである。

そしてもし今後も代表制的世論形成システムを正常に機能させる自信がもてないのなら、そもそも憲法は改正すべきではないのである。現憲法は、まさにそれのできない日本人に最も適合的な憲法になっているからである。その意味では、極めて的確に大日本帝国憲法の弱点を克服した憲法になっているからである。

憲法問題は理想を理想として追い求める問題ではなく、現実的なよりベターな選択を追求する問題だということを、我々は決して忘れてはならないのである。

全体討論

司会　尾崎耕司
顯原善徳
奥村　弘
小関素明
小路田泰直
小林啓治
住友陽文
田中希生

尾崎 司会者のほうから、これが実際に討論の論点になるかどうかは難しいところですが、仮にこういう共通の論点があるかなということで挙げさせていただきます。それは、一つには、最初に小林さんと小関さんとが明示的に出されました、近代における主権の問題をどう考えるのかという問題です。これは最後の小路田さんのお話でも、主権を内在的に行使していく必要があるということで問題提起されて、あるいは代表を選出するという問題ともかかわるかもしれませんので、その議論をお願いします。

たとえば、小林さんのご報告では、専ら国際関係の問題から特に主権が論じられて、近代的主権というものが、第一次世界大戦後に国際関係が変容してその一定の制約が生まれるというお話ではありました。しかしその前の段階でも、ヨーロッパという国際関係の枠のなかで初めて主権が成り立っていると思いますので、そのことの意味を考えると、主権というのはどういう解釈ができるかは少し疑問のあったところです。

これに対して小関さんの議論は、専ら日本の国内の問題から主権を説明され、無所有の統治権力だというところから論証されてくるのだというお話でした。「無所有」という言葉はちょっとわかりにくいですが、一九七〇年代のニコス・プーランツァスという人が有名な脱領有化という話をしました。そういう議論に当たるのかと思います。「無所有」という言葉で出されてしまうと、概念としてちょっとわかりにくいところもありますので、私はそういうとらえ方をしたのですが、いかがでしょうか。

それと、仮に無所有であれ、脱領有化であれ、そういう形で主権というものが構築された場合には、小林さんとのお話の兼ね合いで、無所有ということで主権を説明した場合に、対外的な主権というか対外的な独立をそこからどう論証していくのかが、多分に問題になるだろうと思います。

そのあたりから、小林さん、小関さんのお話をすり合わせていただく形で議論を始めていただければと思います。

二つ目は、主権というものを成り立たせる論理の問題で、後半のお二方のお話と関わる歴史主義という問題です。先ほど小林さんの話について私がヨーロッパの枠ということにこだわってお話をしたのは、強引にそこへもっていこうという意識があったのですが、歴史性に基づいて主権というもの、あるいは国権が説明されているという問題をどう考えるか、これは恐らく重要なのだろうと思います。

そしてもう一つは、これはまた司会者のほうがやや強引に解釈するのですが、今日の四人の報告を聞かせていただいての感想は、私も含めてどうしても法、特に憲法というものを社会的な実在なのだ、そういうものに基づいて成立するのだということを無条件に前提として議論をしているところがあると思います。

それに対して、たとえばハンス・ケルゼンの純粋法学であるとか、あるいは英米法で出てくる法実証主義の考え方、これは顯原さんのほうが詳しいだろうと思いますが、そういう法が社会的実在ではない、技術というかテクノロジーだという考え方があります。我々が当たり前だと思っている話が法学では必ずしもそうではないというところがありますし、今日の憲法改正の動きは、一方では英米法化というか、英米法の法実証主義をどう考えるかというところからも発せられているところがありますから、社会的実在として法をとらえてきたことの意味は大きな枠としてもう一度考えてみてもいいという感想を持っております。これはもちろん私の個人的な感想ですから、それをどう議論するかは難しいところがありますけれども。

そこで実際の討論ですが、いろいろな側面からお話が出されてきましたので、ややテクニカルな点でまず幾つか議論を出していただいた上で、そこから内容に進んでいただいたほうがいいだろうと思います。いかがでしょうか。

主権国家と主権国家群の関係性

奥村　小林さんのお話のなかで出てきた問題で、すこしはっきりしないと思うところがあります。ヘルドの話を少し引かれながら、あまりに個々の主権国家のみを問題にして、主権国家群というところがヘルドの議論のなかで必ずしも十分ないのではないかということを小林さんは話されたと思うのですが、小林さんは、もともと国民国家というのは主権国家群、国民国家群としてしか成立しないと考えておられるのかどうか。国民国家群のあり方については、最初の時期とその後で質的にかわっていくようにおっしゃった気もします。その点を再確認したいと思います。

そのことと関連しての質問ですが、明治初年の朝鮮に対する福沢たちのアプローチの仕方もそうですけれど、万国公法を日本が受け入れるという形をとったときに、一つは、単に万国公法に対して日本が従うだけではなく、万国公法に入った国は他者に対しても万国公法に従うような国家をつくらねばならない責務を負うという論理があるのではないかとおもいます。つまり、朝鮮国の開化の問題は、日本の課題であるという使命感が出てくるわけです。あの話には、文明国家というのはそういうことをするべきもの、文明国家はそういうものだという議論が一方であって、そういう国家であるための国家的証明は他国を文明化しなければできないという議論を伴っているようにも思うんですね。

したがって、そこでは当初のウェストファリアのときにそうだったかどうかわからないのですが、少なくとも一九世紀の後半での理解に関していうと、他国を文明化できる国家群という想定のされ方もしているように思うのです。今のことも含めて、主権国家群という形での国民国家の位置づけを小林さんはどう考えているかを、もう少し話していただければありがたいと思います。

小林　尾﨑さんも最初にいわれましたが、主権国家は、基本的には主権国家群としてしか成立しないと考えるべきでしょう。ヨーロッパ内部において当初からそういうふうにできてくるということであって、どこかの一国が他と関係なく主権国家になるということは、主権国家の概念自体から考えてもあり得ないことです。もともと対内主権と対外主権という形で一応分けてとらえることもありますが、主権国家という場合には、いわゆる国際社会のなかで認定されなければ、全く意味をもたないわけですから、主権国家群として形成されると考えるべきだろうと思います。

ただ、ヘルドの議論においては、主権に対する一定の制限が目にみえる形で進んできた戦後の国連モデルとの差異を際立たせるために、ウェストファリア・モデルでは主権国家の自律性が強調される傾向があるわけで、大方の論者の議論も大体そういうふうになっていると思うんですね。たとえば、ヘルドのウェストファリア・モデルを見てもわかりますけれど、「法形成・紛争解決・法執行の諸過程は、その大半が個々の国家の手中にある」となっていて自律性が非常に強調される議論になっています。けれども、主権国家というのは相互承認によって成立するわけですから、成立期から主権国家群としてしか成立しないと考えるべきだと私も思っています。

レジュメのなかで、主権の一定の制約が第一次世界大戦のときに始まったというふうにとれるような書き方をしていますが、これはあくまでも国際組織ができた上で、その国際組織と主権との関係で書いています。レジュメでは前後関係がうまく合っていないかもしれませんが、第一次世界大戦以後は国際組織が新たに形成されて、それとの関係で主権の制約の問題が発生するととらえるといいと思います。

もう一つの朝鮮の問題は、私もこの間ずっと考えてきています。確かに、他者に対して万国公法を受容させることで自己の主権国家化を証明するという側面もあると思うんですね。そうした意識と関連があると思われるのが、日清戦争時の宣戦の詔勅だと思います。あの詔勅のなかで、「朝鮮は帝国が最初に列国の伍伴につかしめた独立の一国である」といった意味の文が入っていますね。ですから、そういう意味では、他国を文明化できることで自国の主権国家化を証明するという側面はもっていると思います。ただし、朝鮮の問題を考えるにはもっとほかの条件にも配慮が必要です。主権国家の論理は中国との関係を考えたときに日本にとって有効に機能するわけで、中国の側は、朝鮮は自分の属国だといっていますから、それを打ち破る論理として有効なわけですね。つまり、日本は、日・朝・中関係において主権国家の論理を自らに有利な側面から切り取って利用しているわけです。ですから、この時期の万国公法自体が他国を文明化できることを証明しなければ自分が主権国家であることが弁証できない、あるいは、万国公法の体制がそれを強制しているとまではいえないと思います。華夷秩序という具体的な場においては、万国公法の論理がそれをどのように破壊し、あるいは癒着したかを考えるべきだと思います。

住友　小林さんのお話のなかでてくる「人民の名において」というのは、パリ不戦条約のときのものですね。尾崎行雄の文章は知らなかったんですが、たとえば美濃部達吉などは、「人民」というのは要するに天皇と国民を包括したもので、つまりそれは国家の全構成員だという形でこれを処理して、そういう意味では違憲ではないといっていますね。むしろここで区別されているのは統治権の運用の主体というか、たとえば全権のようなもの、あるいは天皇なのですね。これは小林さんの「個の可視化」というお話でいえば、むしろ可視化されているのは統治権の運用の担い手の側であって、国家というか、美濃部の場合は主権は国家ですから、その主権の主体自体が不可視化されているわけです。そういうことを考えれば、個が可視化されていて、それが戦後の日本国憲法の基本的人権につながるという形で単純にいくかなという気はしますね。

たとえば戦後の問題でいけば、奥村さんの地方自治との関連もありますが、基本的人権の主体が空洞化するというか、不可視化するというか、地方自治の担い手は住民なのだけれど、それは外国人を含むのではなくて、国民たる住民という限定がついている。要するに人民一般ではない。基本的人権によって保護される人民一般ではない。人民一般はむしろ空洞化・不可視化されていて、逆に国民たる住民という形で可視化されているので、個人一般が可視化されていて、その人権の主体（個人）が主権化される形で戦後にいくというよりは、もう少し屈折があったのかなと。これは小関さんの話と少しかかわるかもしれませんが、その点はどうですか。

小林　小関さんや小路田さん、奥村さんの話を聞いていて、住友さんが今いわれたように、確かに主権の担い手の問題がはっきり可視化されていると考えたほうがいいのかもしれません。確かにこれは非常に重要な問題で、尾崎行雄自身は不戦条約自体については賛成なわけですが、その一点に非常にこだわるわけですね。そういう意味でいうと、住友さんがいわれたような形で理解するのが適当なのかもしれません。

説明が悪かったのだと思いますが、個の可視化という言葉もあまり適当ではないのでしょう。私が言いたかったのは、主権の担い手であることもそうなのですが、だれが国際条約を結ぶかという、条約を締結する主体の問題で主権の問題が出てくるということです。もう一つは、不戦条約とは別の脈絡ですが、三〇年代初頭の軍縮会議などでは、戦闘員と非戦闘員を区別した上で国際条約として非戦闘員をどう扱うか、どのように保護すべきなのかというような問題が、戦時国際法の問題としてさかんに議論されるわけです。国際条約の対象として、個人の人権の擁護という問題も大きな意味をもっていると思うので、国際条約の締結主体の問題とともに、そういった側面も含めて「個の可視化」ということで表現したかったのです。

小関　奥村さんと尾崎さんが整理された話と、小林さんが今いわれた話に関して言えば、近代国際社会のまとまりを国民国家群ととらえるにせよ、あるいは中華的秩序を重視するにせよ、外から説明する説明の仕方にはちょっと違和感があります。たとえば、日本型華夷秩序ということを説明している人の議論を聞くと、要するに中華という秩序があって、その秩序の余波を受けて、その原理を使いながら、その原理に対抗する日本型中華というものをつくったのだという説明なのですが、要するにその秩序のもととなる原理がすでに外部にあったからという議論しかしていないですね。それは万国公法体制であれ、中華という秩序であれ、基本的にはそういう説明しかなされていないのではないかという気がしていて、要するに外にあったから、こちらもそれと同じ何らかのそれに対抗できる空間をつくらなければならなかったということで主権を説明する。そういうことになっていないかという気がしているんです。

私は、基本的に主権というのは、つくるべき刺激を外から受けるということはあるかもしれませんが、やはりいかなる内的正当性をうちたてるかという問題ではないかと考えています。外に対する自己主張と不可分ではあっても、内に対してもっている正当性を外へ向けて発信することで外とかかわる主権ができてくるのではないかと思っているんです。もちろん日本が主権を確立する以前に主権国家群が存在するわけですが、その全体性が及ぼす圧力に抗しきれなかったから主権を確立せざるを得なかったという形の説明になってしまうと「主権」というものがもっている重みを説明したことにはならない。さらに言えば、外から同心円上に超越的に既存の秩序が波及し、それとの拮抗で別の秩序ができるとするのであれば、それは結局説明の起点を外にずらしたことにしかならない。

奥村　小関さんのいわれることを否定するわけではなく、私が問題にしたい趣旨なのですが、小林さんがいわばヨーロッパ社会のなかで主権国家群ができてくると、それはできた後の状態を一応想定していますので、その後でたとえば日本が主権国家群のなかに参入していくわけですね。それは、先ほど近代的主権、帝国的主権という話をされましたが、問題はなぜ参入は可能なのかということなんですね。参入可能ということに関していうと、現在のイラク問題も含めて現在の国連の役割を考えてみるとわかりやすいのですが、国連の大きな役割は国家群体制を維持する。つまり、場合によっては国連主導で選挙までして国民国家をつくってあげようという話になってくるわけで、現状はそこまでいっているわけです。主権国家というのは主権国家をつくることができる能力がある国家群の集合体であるということであれば、たとえばヨーロッパ社会ではなくても、アジア社会に対してもそういうところがあればさらに拡大していく。そういう新しいメンバーが加われば、そのメンバーがまた次に拡大していく。そういうことを原理的になかに組み込んでいないと、逆にいえばヨーロッパ社会が中華帝国型の社会と対決するためのヨーロッパ的システムで終わってしまうと思うんですね。

それは、小関さんがいう普遍的な世界的なシステムへと展開していった背景には、国家群としてのシステムを世界的に拡大していくという課題を国民国家群がもともと質として内包しているところにあると思うんですね。ただ、その質を内包したらすべての国家群がそうなれるかといえば、小関さんがいうように、それはなれない。もしくは、後で出てくる小路田さんのいう日本の場合のように、それは天皇にもっていかざるを得ないとか、国家自体もできないというところもあるということになるわけですから、内在的なものが全くないのに、それでつくってやろうといったからつくれるとは思いませんけれど、国民国家群として成り立ったシステムのなかには、国民国家群としての国家を拡大していくような要素を質的にもったと考えないと、もしくはもっていないと、なぜそれが万国公法のなかに日本が入り込み、さらにその外縁部の国家に対して、この体制の中に入れというように強要し、物事が展開していくのかということが理解しにくいと思ったものですから、小林さんに質問したわけです。

田中　僕も、どちらかというと外的な要因と内的な要因と両方の複雑な絡み合いで、主権国家はある程度できていると思っているので、両方を同時に考えないといけないだろうと思います。ただ、小林さんの議論でいくと、たとえば市民というのがひかれてはいますが、正規なものと非正規なもの、国境内部の正規的なものと例外状態という形で、ある種、国境が反照的につくられる。つまり、主権国家群によって国境が形成される、という議論だと思うのですが、他方でシュミットは、国境の内部の正規的なものを計算可能性においているわけです。つまり、ある共通のインタレストでまとめることによって、ある程度初発の段階から内的に計算可能な利益線として国境をつくっているという面ももっているわけです。そういう意味で先ほどの質問とかかわるかどうかわからないのですが、中立国モデルが出されたときに、主権線と利益線を分割できて、たとえば主権線においては後退するけれども利益線は保持するというようなことが果たして可能なのか。先ほどの小路田さんの議論にもあったように、利益とか国益というものも国境をつくるときにある程度考慮せざるを得ない。そういうときに、たとえば主権線と利益線を分けるような議論は果たして有効なのかどうか。それをつけ加えておきたいと思います。

第一次世界大戦というターニングポイント

尾崎　議論を少しまとめると、小林さんの議論をまず中心に小関さんの議論をすり合わせる形で討論が進んでいると思います。その際に一つ、まずヨーロッパで生まれている主権国家群の問題が、やがて一定の制約を受けるようなものに変わること。あるいは、奥村さんが先ほど言われたように、日本のような非ヨーロッパの国も入るものにかかわっていくこと。それを前提にして考えたときに、小林さんの話のなかで一つ重要なのは、たとえば戦争をする場合、ヨーロッパのなかの主権国家群の戦争は相手を正しい敵だとみなす。それぞれの国の国柄とか国の成り立ち、先ほど小関さんのいった内的正当性の問題をあえて問わない。問わないで、対外主権のみを問題に対等な国家間関係として戦争をしていました。ところがこれが、たとえば第一次世界大戦のころからでしたか、負けた国を勝った国が裁くということがありますね。戦争裁判というか、第二次世界大戦が終わった後の日本の極東裁判もそうですが、勝った国が単純に、いわゆる国と国との〈私戦＝フェーデ〉ではなく、ほかの国の公益も兼ね備えるのだ、それで負けた国を裁くことができる。だから、その国内の問題に介入してもいいのだというふうに話が変わってきますね。このことを考えると単純に、国際機関ができるできないの問題ではないだろうと思います。

先ほど田中さんは国内的要因と外的要因を考えるということをおっしゃいましたが、そういう整理の仕方がないのかなと思います。ヨーロッパ型の国民主権国家論をどう考えて、その変化を単純に国際機関ができるからという、社会的な実在の問題というか、それだけではなくて、もう少し別の次元から説明できないかなということです。もしそれができれば、先ほどから問題になっている日本がなぜこれに参入できるのかということにも一定程度議論が広がっていくように思うのですが、いかがでしょうか。

小関　やはりそれは第一次大戦の契機が大きいのじゃないですか。要するに総力戦ということですから、国民の多くを動員しないといけないわけでしょう。そうすると、戦争目的を普遍化してないと動員が不可能ですから、そこに人道とか国際平和という容易に越えがたい理念をつくりますよね。それを利害と絡めずに代表できるものが、それに違反したとみなされる国家を裁くという力関係がそこにできるのじゃないですか。その意味で第一次世界大戦が総力戦として闘われたということの意味があるのじゃないですか。それが国際社会が主権国家を構成要素としながらも、自己の全体性をどう表現するかという問題とも関わると思います。

小路田　少し話を戻してしまいますが、主権国家群か云々かという話なのだけれど、あらかじめ幾つかの国が存在していて、それが主権国家群を形成したというふうに考えるか、それとも世界というものが自らを主権国家群として表現していると考えるか。後者だとすると、国際社会はなぜ自分をそれ自体としては表現せずに、複数の主権国家の関係として表現するのか。その場合に、国家というものをなぜつくる必要があるのかという問題が生じるような気がするんですね。

あらかじめ国家ありきだということであれば、国際社会というのは国家間の利害調整の産物ということで終わってしまいますがそれでいいのでしょうか。確かに経験的にいうと、そのほうが実体に近いのでしょう。けれども、あえて国際社会というものの実体性をいうならば、後者のような考え方も検討してみる必要があると思います。そうしたら、先ほどいわれたような、国際社会が国際社会の名において個々の主権国家のなかに介入するということも、場合によってはあり得るということになります。話がダイナミックになってくると思います。まさに今現在アメリカが世界各地で行っていることが正当か、否かという問題にもひっかかってきます。その点小林さんはどう考えられますか。

小林　それに答えられたら、今日のお話をする必要はないような……。

国際法の浸透と憲法の最高法規性の矛盾

尾崎　あまりにも小林さんに集中するような形に司会が仕向けてしまいましたので、このあたりで小関さんの話も含めて議論していただきたいのですが……、では顯原さんお願いします。

顯原　共通することとはいえ、小関さんの最後の話と、小林さんの報告で指摘されていながら十分に展開されていなかったことで重要なことを議論してお話を聞きたいのですが、国際法なり、あるいは法に限らず国際秩序なり、それと憲法の最高法規性との関係をお二方はどういうふうに考えておられるかを伺ってみたい。小路田さんのように、実質的な憲法改正は既に進んでいるとか、もう一つの憲法があるということを国民は気づいたというふうにいいますけれども、ほかの方はどのように考えているかを聞きたいと思います。

小林さんの話も聞いていると、たとえば報告の最後に小林友彦氏の論文（「『国内法と国際法の関係』を論じる意義―日本の学説の展開過程に照らして」『社会科学研究』第五四巻第五号、二〇〇三年）を紹介していましたが、これも聞いている限り、これは実際に国際法学界でもいわれていることなのですが、国際法なりよその国の法規あるいは規範というものが、国際法を介して別の国の国内法に浸透してくるという形で実質的な憲法改正のようなことが行われる可能性があることは、しばしば指摘されてきたことですね。そうすると、憲法というのはそもそも何なのか、我々は何のために最高法規として憲法をもったりもち続けているのかということについて考えないといけないと思うんです。

だから、まず小林さんに質問したいのは、こういう潮流が進んできている結果、実質的な憲法改正がなされてきていると我々はみているのかどうかということです。確かに、現実の議論としても、あるいは実態としても、日本国憲法の第九八条第二項は、単に条約や国際ルールを遵守すると書いてあるだけだけれど、あれを挿入しろといった外務省の意図としては、国際法のほうが上なのだということをはっきり意図して入れたということは、発案者である萩原徹がはっきり書いていることなんですね。でも、これがそのまま進んでいくと、専門の官僚にゆだねてしまって、我々の知らないところで実質的な憲法改正のようなことを約束してしまったり、あるいはこれは慣習国際法だといってしまって、やはり実質的な憲法改正が我々の意図と関係なく進んでしまうことが懸念されるわけです。ですから、そのことについてはどう説明したらいいのかということ。

もう一つは、憲法の目的、何のための憲法なのか。いろいろな形で外部からの侵出とか、あるいは実質的な憲法改正に近いような方向が、小林さんの言い方をかりると、国際的な民主主義の相互規定性が現に進んできたり、あるいは云々されている。それにもかかわらず、最高法規としての憲法にこだわるとすれば、そもそも何のための憲法なのかということを考えないといけないと思うんです。そのことについてそれぞれの立場からのご意見を聞かせてください。

私の意見をあらかじめ言っておくと、小路田さんとちょっと違うのは、憲法を制定する目的は、社会を成り立たせるためには、きっと個々人の欲望の制限をしなければならないからではないでしょうか。日本国憲法でも、

第一〇章の最高法規のなかにわざわざ第九七条で、基本的人権のことをもう一回いっている。これは天賦の人権として基本的人権があるということではなくて、我々国民に信託したものであるという書き方をしているわけです。信託するというのは、公共の福祉に役立つものとして人権というものを利用しなさいという書き方をしているわけです。そうすると、アプリオリなそれぞれの権利があるわけではなくて、あくまで制限されたものとしてあり、皆さんのやりたいことを本当に達成しようとすれば、これだけの手続を経ないと実施されたり何かに反映されることはできないのですよ、と。そういう意味で僕は第一〇章の最高法規というものをわざわざ日本国憲法に規定していることの意義があると思うんです。そうすると、憲法はそういう目的をもったものとして考えられるわけですが、小関さんなどはどのように考えているのだろうかと、戦前からの流れのなかでお答えしてほしいと思います。

尾崎　それでは、それぞれのコメントをいただきます。

小関　これはレジュメに書いておいたことなのですが、顕原さんがいわれたように、確かに住民の権利を絶対的な天与の権利としてとらえさせない、これは大日本帝国憲法がその傾向が強いし、戦後憲法の流れとしてもあると思います。ただ、戦後憲法は書き方が非常にうまくて、住民の権利はだれも侵すことのできない不可侵の自然権に近い権利であるという書き方をしている部分があるのですが、それも憲法がそういうことを認めたからそういう権利として認めるべきだというように、基本的には法に権利の淵源があると観念させようとしているのだと思います。

ただ帝国憲法下においても、国民主権は、土地私有権を公認したことも大きな転機となって、建前とはうらはらに、実質化していかざるをえないと思うんです。だから逆にそれを何とかおしとどめる。その契機が非常に強い。それは今いわれたように、欲望の抑制等が必要なことであったわけで、そこから天皇大権の問題が出てくる。また、その矛盾点が出てきて、最終的にはその矛盾は憲法のなかで完結しないような形になっているところが大日本帝国憲法の第三条なのではないかと思います。

戦後は一応国民主権を掲げる憲法ができるのですが、逆に国民主権を明示的に掲げる憲法ができたことによって、国民の主権によって操作できない空間を事実上つくろうという慣性が強く働くのではないか。これは小路田さんがいわれた国際関係の取り入れ方につながる議論だと思うのですが、そういう空間として国際関係が作用しはじめるのではないかと思います。そのことに関してはやはり日米関係の問題が大きいですね。手続きとしては主権国家が選択してその関係に参入するのですが、冷戦下の東西対立の下でそれは選択の問題でしかありえない。その関係自体は主権国家の操作を越えた空間、つまり国民主権が直接には及ばない空間としておいかぶさってくるのではないか。おそらくそういう空間を置くことによって国民主権を実質的に制限しようというモーメントが大きく介在している点に戦後憲法の下での「国民主権」の特質があるのではないかと考えています。

小林　幾つか答えないといけない問題があると思いますが、話の方向がちょっとずれるかもしれません。国際関係と憲法の関係でいうと、報告の最初の部分で触れたように、私たちの統制を超えたところから改憲を迫られる非常に大きな危険性があると思うんですね。国際条約と憲法の問題といっても、安保条約と国連憲章では問題が異なりますし、そのほかにも人権に関する諸条約などの問題がありますから、国際法が国内法に関連してくる場合も、いくつかのタイプにわけて考えていくべきだと思います。ことに、安保条約の実態と国連憲章では当然矛盾するところをもっていて、国際条約自体が整合的ではないのですから、その辺をどういう位置づけで憲法の最高性の問題を考えるかは非常に大きい問題だと思います。そこは気をつけなければいけない。一般的に国際法の国内法への浸透の関係を強調する議論は危険だと考えています。

もう一つは、率直にいっていろいろな迷いがあるのですが、国民主権自体について疑問というか、考えなければいけない問題があると思っています。それはグローバリゼーションの問題が非常に大きくて、小路田さんの話と関係するかもしれませんが、仮に主権というものをきちんと内部から立ち上げることを考えた場合でも、問題があります。現在の状況のなかでグローバリゼーションがこれだけ進展していて、経済的な面からみても一つの国家が主体的に行動できる、あるいは決断できる範囲は狭まっているのは確実だと思うんです。そうした中で、国民主権を内部だけから立ち上げることができるのでしょうか。だから何もしないわけにはいかないと思うのですが、恐らくその辺に対してある種のニヒリズムが日本の中にはあるのではないか。それが、一つは憲法問題についての不感症をつくり出しているような気もしています。顯原さんの言い方でいうと憲法の最高法規性という問題で、これは真剣に考えないといけない問題だと思います。日本国憲法ができた時点、あるいは五〇年代や六〇年代と、グローバリゼーションが進んできた二一世紀初頭の世界を比較すれば、国民主権のあり方は相当違っているので、そこを踏まえた形で現在の問題として国民主権という問題を考えなければいけないと思っています。

顕原　小林さんの話を以前からも聞いていて思うのだけれど、歴史の変化のなかで外部的な規範とか、あるいは国と国との間のルールをつくっている規範がそれぞれの主権国家のなかにはいってきて、主権国家を制限していったり、あるいは変容させていくという説明の仕方をされているような気がするんですね。確かにそういう面があるのだけれど、少し発想を転換して、そもそも国際法は既に存在している主権国家と主権国家との折り合いをつけるためのルールとして出発しているのかどうかということを考えれば、別の可能性も出てくると思います。

それはどういうことかというと、既に国家が形成される段階から何らかの関係性なり、それをつつみこむ社会があって、あるいはそれぞれの国家の国内法制と並んで関係性を律する国際法というものが横並びにあって、国際法も含めてどこの国の法制にも共通する、あるいはそのもととなるような規範が実はあるのかもしれない。今まで国際法学者は、ないという否定の仕方をしてきたわけですね。もしかしたら、まとまった規範という形ではないのだけれど何らかの思想的な表現、あるいは公的な表現の形で、我々がいままで考えてきた自然法とは違う意味でのそれぞれの国内法制や国際法とも共通し、その根源となるようなルールがなければ、各国が並立したり、あるいは並立する各国が折り合いをつける国際法というのはおよそ成り立たないだろう。

そういうふうに考えると、小林さんのように歴史の変化のなかで主権が制限されるとか、あるいは最高法規性がちょっと疑わしくなってくるという説明とは違って、そもそも最高法規でありながら主権が制限されるような形でしか、国家は存立できないのだという説明の仕方は歴史的にできないだろうか。

小林さんはあくまで、その変化のなかで主権が制限されてくるという部分で考えたり説明するわけですが、その根拠を確認したい。

憲法は普遍か、特殊か?

小林　私も国内法のなかに相互に共通するものがあって、そうした普遍性が国際法の一つの成立要件になっていると思います。実は植木枝盛をあげておいたのはそういう普遍性を提示する意味もあったのです。仮に彼が西洋の思想を学んだとしても、つまりそれが外来のものであったとしても、それを受容することによって内在化するわけで、ある原理の普遍化とはそのような過程だといえるでしょう。そういう点でいうと、それぞれの国家間で共通のもの、あるいは普遍的なものはあるということを前提にしないと、国際法自体が成り立たないというのはそのとおりだと思います。

もう一度繰り返しますが、歴史的にみると、普遍性のレベルや主権の制約のされ方にもやはりある程度の段階があるわけで、そのことは踏まえて議論しなければいけないと思っています。報告でもふれたように、主権の何がどのように変化したのかということはこれからきちんと整理しなければいけないと思います。

奥村　憲法を語るときは小関さんの話と関係するのでしょうけれど、基本的に主権というのは本来的に自己限定というか、自己の限度をとなえるから主権というものが発生するのであって、何も限定しないと主権というのはありえない。主権性というのはもともと自己限定性をどういう形で社会が構築するのかという問題だと思うんですね。

自己限定をしなければ帝国的な概念になってしまうから、それこそ「私は世界である」というところまで最終的にはいくわけですね。中華帝国というのはそういう側面をもつと思いますが、「私は世界である」といわなくて、「私は世界のうちのこの部分である」という限定性がなければ、主権性の問題は成立しないだろうと思います。相互に主権を認め合うなどということは恐らく成立しない問題だと思います。ですから、その自己限定性をどうつくっていくのか。そのときの原理全体をどう構築するのかということが近代憲法の一番重要な問題になるのではないかと思います。

そういう形でいうと、日本国憲法の限定性はあの時期の国際関係も含めた限定性を当然そのなかに持ち込んでいる。したがって憲法のもっている平和主義の問題もそうだし、人権の規定の仕方もそうだし、そういうことはあると思います。だから、何よりもまず憲法の規定性はそういう問題にかかわってくるだろう。

ここは小路田さんと共通していると思うんですが、したがって、あるときに自己限定の仕方が有効で、これでは耐えられないということになると、それではどうかえるかということが当然次に議論になってきますね。だから、今起こっている憲法改正の問題は、自己限定のつくり方をもう一度かえるのか、かえないのか。かえるのならどうかえるのかということ自体が問題になっているのだろうと思います。

そのときに日本の自己限定のされ方は、日本の憲法だけで決まっているのかというと、先ほどから出ているように、それは日米安保条約の枠組みは極めて大きいし、ポツダム宣言の枠組みも大きいわけです。日本の地理的範囲自体は大体それで決まっているわけですね。法律としての日本国民というのはだれかというのは日本の国籍法で決まるのですが、憲法ができたときにはその問題は実はあまりきちんと問われないまま議論されている。そういう意味では、自己限定性が外からはまっている。戦前の場合は、天皇の自分自身の自己限定という形で憲法が成立してくるわけですから、そういうことでいうと今度は自己限定を国民自身が自らの行動によってどのように限定したのかどうか。どういうことで自己限定したのかということ、そしてそれが憲法制定時にどこまで全体の共通認識になっていたかを、もう一度十分研究した上で、議論しなければいけないことではないかと思っています。

小路田　こういうことはどう考えたらいいのだろうかと普段から私が思っているのは、なぜ大日本帝国憲法は「帝国」という二文字を冠して呼ばれるようになったのかという問題です。帝国大学もそうですが、我々後世の者の目からみると、大日本帝国は極めて侵略的な側面をもつ国家であったから、そういう表現も生まれたのだろうということになりますが、それは多分違うと思います。命名されたのは日本が植民地を獲得する日清戦争以前のことですから。帝国大学のほうから類推してみると、「帝国」という言葉自身が普遍＝ユニバーサル（ユニバーシティー）ということを表現しているのではないでしょうか。

仮にそう考えてみると、憲法の最高法規性はどこからくるのかというと、どこか特定の地域の内部においてのみ通用する、個別的、土着的な法の権威からくるのではなくて、人一般と向き合う、その普遍性、全体性からくるのではないかということになります。奥村さんがいわれたように、現実的には、ある国境のなかでしか通用しないし、そのなかでしか最高法規性を発揮しないにもかかわらず、法の精神からいうと、憲法は、個別性を一切もたない、普遍的な法としての権威に法源をもっているということになるのではないでしょうか。「帝国」という表現は、それを何らかのかたちで表現しなければならなかったから用いたのではないか、というのが私の憶測です。

そうすると、逆にその憲法を超える法は絶対にないはずですよね。したがって国際法は現実的には存在しても、その国際法によって憲法が規制を受けるということはあってはならないということになります。あるいは日本国憲法に、条約は遵守するということをあえて挿入しているのは変だということになりますね。つまり、国連憲章であれ日米安保条約であれ、自らを超えるようなものを憲法が想定するのは論理矛盾だし、それは結局日本国憲法の最高法規性を憲法自らが否定する結果になってしまうからです。

また普遍的な法だから、憲法の淵源を論ずるときには、やはり人一般との関係を論じなくてはならないということになりますね。つまり家や地域といった中間的で個別具体的な団体との関係ではなく、人一般との関係において憲法は成立するということで、人間とは何かという問い、そういう問いとの関係で憲法は論じられなければならないということになります。ヨーロッパにおける社会契約論にしても何にしても、まずそこから議論は説き起こされていますよね。

しかし、だとすればこの逆説はどう処理すれば良いのでしょうか。普遍的な法は、ある国境の中でしか通用しない国家法としてしか生まれ得ないという逆説です。そうすると小林さんのいう「帝国」の基盤を形成し、国民国家を相対化させる「国家を横断して相互に結びつき影響しあうインターナショナルなデモクラシー」（民主主義ネットワーク）など、生まれうる余地はあるのかといった疑問も浮かび上がってきますよね。それはアメリカという国民国家の「正義」と「実力」に担保されない理想的な「帝国」など存立しうるのかという疑問につながってもいます。

憲法の最高法規性、日本国憲法の国際法への従属性ということにもかかわって、考えてみるべきことではないかと思っています。

奥村　今おっしゃったことは実は難しい問題をはらんでいて、小関さんの話とも絡んでくるかと思います。これは福田歓一さんも既に話していることですが、国民国家のアポリアという問題があって、国民国家が一番普遍的な形態をとれば、要するに世界は一つの国民国家という形でしか普遍法では表現できなくなるんですね。個別に個々の国民国家の原理というものを抽象化して普遍化していけばいくほど成り立たなくなってきて、国民国家の原理そのもののなかから出てこないということが指摘されていて、その問題は一つのアポリアだと書いて終わっているのです。考えてみれば、フランス革命後のフランスの動きはナポレオンが出てくることでも明らかなように、必ずしも国民国家の枠組みが今のフランスの領域性にとどまらないから、下手したら普遍的人権による普遍的世界帝国というのも論理的には当然あり得るんですね。そういう課題をどう解くかということにも踏み込まなければならないと考えています。

ついでに、小関さんに質問したいのですが、そういうふうに考えたときに、小関さんは内的な議論という形で議論されていくわけですね。その大前提として、所有と無所有という議論をされるのですが、そういうときにこの議論からいうと、要するに前近代のどの社会においてもこうだと。

小関　そう簡単に言うと誤解を与えてしまいそうなのですが、両者の対関係の中に普遍の位相を見出したいということです。

奥村　となるわけですが、そうすると先ほどいった国民国家のアポリアにとらえられてしまうのではないか。どこでもなるということは、どの大きさ、どの形でもいいのではないかという議論になってしまうのではないだろうかという疑問があるのですが。

主権と「所有と無所有」

小関　むしろそう考えたいということなのですけれど、確かに範囲とか領域といいますと、それは自ずといろいろな領域で区分されてくると思います。しかし原理でいうと、所有は土地の問題に関して言えば、究極的には私的所有しかあり得ない。これはいつごろかわかりませんが、恐らく実質的に世界を覆っていく原理であり、時代的にみても相当前から、所有の原理は難しくて勉強している最中で、断定的なことをいうとすぐ足元をすくわれるのですが、歴史的にみても相当長い時代で普遍的に土地の私有がなされているわけですね。

そうすると権力の立ち上げ方は、それとの対関係において自ずと決まってくると思うんです。その権力をどう表現するかは別にして、実質的に統治権力的な、つまり自ら所有しないで統治する権力として立ち上げる以外に権力が最終的に冠絶的権力として正当性を保持し得る原理は多分ない。むしろそれを考えたいと思っています。

日本ではそれをある意味で短兵急にやったわけですね。所有権を公認するということは明治初年に基本的にやってしまって、いろいろ慣行的なものは残るのですが、それによって権力の性格は相当決まってくる部分があって、それは非常にみやすい経緯をたどった。極めて短い時間のなかで人工的にやりましたから、その部分は非常にみやすい。ただ、土地私有の問題はこの時期の問題だけではなく、それ以前から時代貫通的にあるもので、それを初めてここで公認せざるを得なくなったという問題として、明治初年の変革を考えています。

最近学生に対して冗談半分に、「日本史をやれば世界がみえる」、少なくとも日本史はなくてよろしいなどという議論はいかんということを言っていて、この間も大学院の授業で三時間ほど今回の報告と同じ趣旨の話をしたんですね。歴史をやりたい者は全員日本史をやらなければ一切わからないという話を、半分は冗談ですけれど半分は本気で話しているのは、僕はそこに普遍的な原理が見出せるのではないかと考えているからです。

その関係でいうと、今日の四人が話した話というのは、ある立場を共有している人しか理解できない話ではまずいということだと思うんですね。歴史の中にあるなにか普遍的な力学的慣性のようなものをえぐり出していこうという話を四人ともしているわけです。たとえば全く違う立場の人には通じない話ではなくて、私はそうみないというレベルの話ではなくて、誰がみてもそうした推移の必然性は認めざるを得ないという話をしたいわけですよね。逆にいうと、我々は物語をつくろうとしているわけではないということですね。歴史における独自の物語をつくっているわけではない。普遍というものを再構成しているということでやっているつもりなんですが、その方法は非常に難しいわけです。つまり物語ではない、何かの力学的な必然を歴史学的に解きあかしたいけれど、それはいわゆる「実証」というものではあまりみえてこない力ですね。

たとえば小林さんの話でいうと、国際関係の実体性とか規範といっても、それは目にみえない圧力でしょう。そういう圧力はどう作用したのかということは実際のところいわゆる「実証」的手法では再現しにくいですね。再現したのだということで議論を進めることは可能ですが、どう再現したのか証明してみろといわれると、なかなか再現しにくい。あるいは天賦人権といっても、天などどこにあるのだといわれると、天などないわけです。でも、それが天としてあるように観念するということが重たい問題であることをいいたいわけです。

そういうことを再構成できる歴史の方法論は何ぞやということ、そういう問題についても考えてみてほしいというところがあるんですね。

田中　その場合に、自作とか小作とか農地改革の問題はどういうふうになるんでしょうか。明治期にたとえば私的所有が進化したというけれど、たとえば小作の人は普通に考えればもっていない人ですね。私的所有が進化したという形で国民というものを説明してしまう場合に、たとえば小作の人は国民なのかどうかということですね。どのようになっているのでしょうか。

小関　それは有産者と無産者という区別が一応あるんじゃないですか。一応土地を所有している者は基本的に税を払い、有産者として位置づけられる。無産者はもちろんいるのですが、でも実質的に土地を耕作している者の権利が、大正期になると徐々に強まってくるということがありますよね。だから名目的な所有権云々ということだけではなく、実質的な土地所有の主体はだれかという議論は、歴史的経緯としては段階的な議論にしかならないと思うんです。

住友　奥村さんの話に続くかもしれないのですが、所有ということでいうと、要するに所有している者はアプリオリに国民でないわけですね。つまり、所有している者イコール国民であるということはないわけです。これは奥村さんのところで議論になるかもしれませんが、地方自治の主体がなぜ住民であって、しかもそれがなぜ国民でなければいけないかということ自体は、原理的にわれわれの前に提示されているわけではない。たとえば二四時間のうち三分の一しか自分の市に住んでいない、つまり市の外に仕事で出かけているにもかかわらずそこの選挙権をもっていて、三分の二は職場のある市にいて、しかもさまざまなその市の共有財産を使用しているにもかかわらずその市では選挙権がない。あるいは所有の問題にしても、所有しているにもかかわらず要するに国民ではないという場合があって、にもかかわらずそれは主権構成の主体として想定されない。あるいは選挙権がないという問題自体は、先ほどの人間と向き合うという小路田さんのお話からいけば、その国籍の問題というか、国民主権であるということは一体どこから出てくるのか。

小路田　これは僕の意見ですが、歴史のある段階までは、国家はだれかの所有物だったのですよね。だから、王土王民という考え方も成り立ったわけです。たとえば亡き国王の遺産相続が原因で、フランク王国がイタリア、ドイツ、フランスの三国に分裂するといった、今からみれば考えられないようなことも起きたわけです。ところが歴史のある段階で、そうしたことは解消していきます。そして、だれも国家の所有者にはなれない時代がやってきます。

ではなぜだれも国家の所有者になれなくなってしまったのかというと、一番わかりやすい説明は、歴史の経緯とともに、それだけ、人に対するあきらめ（日本でいえば末法思想のようなもの）が世の中に蔓延し、だれ一人として、絶対的に正しい人間などこの世にはいないという常識がひろがってくるからです。国王であれ神官であれ、人間である以上、決して絶対的な存在ではありえないということが、だんだん人々の常識になってくるからです。人間は公共的であろうとしてなかなか公共的になれない、私利私欲に満ちた存在だということが社会の共通了解になってくるからです。だとすれば、だれかが独占的に社会を所有することなど、独裁者でもなければできなくなってしまいますよね。

だれも排他的にその所有者になれないから、国家はみんなの共有物という考え方が生まれる。世論や民意と呼ばれるものを政治の頂点にもってこざるをえなくなる。

近代民主主義が形成される背景には、私はこのパラドクスが働いているように思うのです。人々がとことん公共的な存在ではなくなり、私利私欲に満ちた存在と認識されるようになったとき、初めて社会は人々の共有物として、したがって公共的なものとして認識されるようになるというパラドクスが、です。

だから近代民主主義には、公共心なき人々に代わって、社会の全体を一身で表現する主権者が必要になってくるのです。人は形式的には社会を共有しておきながら、実際には私利私欲に災いされて、社会の運営に進んで参加しようとはしません。共有は所詮名ばかりのことだからです。

その意味で、主権者としての「国民」と、実際の一人一人の「国民」との間には、下手をすれば専制君主と臣民の間以上の激しい乖離のありうることを、我々は考えておかなくてはならないのです。

私は、小関さんのいう所有や無所有は、そのパラドクスとの関係で論じなくてはならないのではないかと思っています。人々の私利私欲＝非公共的性格が、所有の自由として表現される以上、人々に代わって社会の全体性を表現しなくてはならない存在は、無所有として立ち現れざるをえないといった具合に、です。

その点では、小関さんの議論は、所有、無所有ともに、その意味を限定し過ぎているように私には思えます。土地＝領土の所有問題に。私はそういう気がします。

小関 いわれてみるとそうかもしれませんね。確かに、王土ではなくて王民も入れていくわけですからね。

小路田さんがいわれたように、主権者としての国民と一人一人の国民は実は切れているのに、何とか切れていないようにみせないといけない面があって、それは一つは代議制ですよね。僕は官僚制もそうだと思いますね。一応国民であったら登用するわけですから。実際は「有能者」の選抜として限定されているのですが、一応形式的には全国民から登用するわけですから、それも国民を表現している代表として登用しているわけですね。

主権はそれで埋めるし、国民主権というのがあって憲法が実質化しているからそうだったのだと思うという見方をして、逆に、そうなのだけれど形式的には王土であれ王民であるというその観念はある程度残す。残して、実質的にはもう土地は国民がおのおの所有している主体なのですが、王土である、王民であるという観念は残すので、間欠的にあるときにポッとまた噴出してくるんですね。私的に所有された土地であってもこれは王土だとか、何だとかの議論が出てきて、みんなが忘れたころにまたそれを思い出しているようなところがあるのですが、主権を表現する際に、そうした観念上のごまかしが必要だったことを、是非は別にして、主権というものに付着した原理的な要請として見据える観点が重要だと思います。

小路田　先ほどの議論にもう少し付け加えておきますと、今日でも国民主権というものをどうするかという問題と、国民が本当に自らの意思で主権を構成しているのかという問題とは、全く別次元の問題だということです。国民主権のほうが君主主権よりも国民の意思に沿っているなどという考え方は、所詮架空の議論であって、現実的にはそういうことは、あるかもしれないし、ないかもしれないといったところが現実です。主権者である一人ひとりの国民と、一人の現実の主権者との関係は、普通は切れていますよね。その切れたものをどうつなぐかというのが、実は民主主義の最重要課題なのではないでしょうか。

国民の範囲について

住友　そのことはわかったうえで、要するに国民主権といっても一人ひとりに主権があるわけではないので、だから代議制というシステムを入れて一般民衆の意思をイメージするわけですね。国民というのはある意味でいうと全体性というけれども、逆にいえば、王土王民というだらだらとした領域性の不明確な全体性があって、外に向かってどこまでいっても王民だというような場合、それは主権を構成できないわけですね。要するに領域がはっきりしない。だから王土王民というものは、全体だけれど限定されていない。国民はある意味全体だけれど、いちおう領域的に限定されている。

反転して全体性にいくときに、全体でありながら国民という限定がつくのは、もうひとつ説明の原理が入らないと、全体に反転するのだということは説明できても、国民という限定した全体として反転するのだという説明にはなかなかならないのではないか。その辺がちょっとわからないところです。

奥村　今の問題に限定して、小関さんの話に一つないのは、そういう意味ではそれこそルソー以来になりますが、なぜ契約論的に説明するのかという議論があると思うんです。要するに社会契約論で説明するということは、国民国家概念のなかには、それ以前からある人的結合国家の観念には完全に失われているわけではないんですね。

今日の小関さんの話では、ここでは支払手段化の問題があって、無主・無縁の話になっていて、小市民的欲望ということになると、商品を媒介とした関係ということであれば、今はグローバル化しているから世界じゅうどこでも、人がみえていなくても人間は全部関係しているわけですね。我々の生活は世界がなければできない状態になっているわけですから。しかしそうではなくて、本当に関係をとり結んでいるかどうかもあやしいのだけれど、何らかの形で直接的に人と人とが関係をとり結んでいるのだという問題群を理論的に構築するから主権性の問題がある限定性をもって初めて構築できると思うんですね。

そこで近代国家は領域国家なのだけれど人的結合国家なのだという不思議な構成をとるわけです。このパラドキシカルな要素が前近代における身分社会のあり方から近代の主権国家にいくときに、包含されていないと、恐らく説明はできないのではないでしょうか。

小路田さんがいったように、人に向き合わないといけないという議論と関係するかどうかわかりませんが、そういう人と人との関係性をある意味では拡大したり拡散しながら展開していくという要素は、恐らく所有一般からは出てこないのではないかという気もするのです。

小関　それは社会契約説のアポリアという非常に難しい問題がありまして、つまり、社会契約が成り立つという議論をするには、曲がりなりにも人間のなかに公共善や徳性が備わっているのだということを前提にしないと、人間の契約は有効なものたり得ないでしょう。だから、その議論を本来前提にしてしかるべきなのですが、人間に公共善があるかないか、基本的に人間はそうしたものを備えているかいないかということは証明しようがないですから、結局、証明不能なものを前提に置いて成り立っているのが社会契約説でしょう。そこのアポリアは人間の性悪的な側面がいやでも目立ちはじめたときに、そういう者ばかりなのになぜ全体社会が構成できるのかという懐疑となってあらわれる。そのジレンマに直面したとき、結局は個々の人間がその下で社会的役割を分業し得る一つの全体社会が契約以前的に与件としてあるのだという議論が必ずすべり込んでくる。社会契約説というのは、ある程度まで社会契約説で説明しようとするのですが、結局説明し切れない部分を必ず残すということがあると思うんです。

そのときに、有機体的な全体社会を想定する議論というか分業論的な議論というか、そういう議論を必ず誘発します。僕は社会契約説が陥りがちなその種の議論のパターンにはまらずに、社会を構成している原理をいかに説明し切るかということが課題だと思っています。

憲法の帯びる歴史性の問題

尾崎 少し整理させていただきたいのですが、話のほうは主権なり何なりを構築していくうえでの物語性というか、小路田さんが議論の前半のほうで、実は人為的に構築されているものではないかという発言があったのですが、その話の方向へ進んでいるとは思うんですね。

奥村さんから契約論の話があり、これは逆に奥村さんの話にも返すことになるのかもしれないのですが、日本の大日本帝国憲法はドイツの法学をとります。奥村さんの今日のレジュメでは、最新の反動的国家法大系とされましたけれども、受容した段階のドイツで最新の法体系というのは、むしろ公法実証主義であって、ラーバントなどの議論になっています。ところが、日本ではそうではなくて、それよりも一つバージョンの古いグナイストとかシュタインの話をとっています。それは何かというと、実証主義をとらないということですね。

つまり、イギリスなどで実証主義が出てきたときに、これはベンサムの功利主義がそうですが、苦痛と快楽とか、社会の実態とは別にそういう価値観の問題を置いた。それで法というものは全部できるのだという話をしています。ところが、これに対してそういう技術論ではだめだということでグナイストなどは、あくまで社会的実在をもとに法はつくらなければいけないという話をしたわけですね。そして、その法を日本は受容したという問題があります。

そこに何があるかというと、歴史性の問題を入れないといけないという考えがあるわけです。そうすると、先ほどから出ている社会契約説云々の話も含めて、公共善があるかないかということではなくて、その歴史性をどう考えるかということは少し議論していただいてもいいのではないかと思います。

その辺に関連した発言をしていただければありがたいのですが。

住友　そういう意味では、要するに象徴天皇制はある意味では歴史主義にもとづいて創出されたものですよね。実質的にみれば、大正期のデモクラットのほとんどは象徴天皇制的な言説というか、事実上、象徴天皇制の方向で動いていた。先ほどいった人的結合だというときの国民をどういう形で表現するかというときに、それが一方で歴史に由来しているという説明原理になっているんですね。つまり、国民統合のシンボルとして天皇が第一条に入ってくるというのは、その意味では必然的という形で考えていいのじゃないかと思いますが、いかがですか。

尾﨑　帝国憲法の問題と日本国憲法の問題とそれぞれに発言をしていただけるとありがたいとも思います。

今の住友さんの発言は、日本国憲法をどう考えるかということですね。

住友　それだけではなくて、大日本帝国憲法にはもちろん天皇のシンボル化というのはないのですが、たとえば奥村さんの話のように、明治憲法は君民共治というのを否定するのですが、事実上社会的には君民共治論的な言説がかなり展開していきますよね。実際、日本の国体の由来は何かというと君民共治だという話で展開していくわけです。つまり、なにも突然象徴天皇制がＧＨＱの発案で出てきたというよりも、かなり歴史段階的につくられていく側面もあるのではないかと思います。そのことをどう考えるかという問題があると思います。

尾﨑　私にも発言させていただきたいのですが、私は奥村さんの議論に非常に興味があって、義務の体系を機軸にして、権利ではなくてあくまで義務を中心にして国家体制をつくるというのは非常に重要な議論だと思うんですが、すると後半の話で歴史主義が登場しますけれども、歴史主義を持ち出すとなぜ義務の体系として法が弁証できるかというのは大きな問題だと思います。むしろ逆に、歴史をたどれば、たとえば徴兵令改正の議論をみてみますと、そこで戸主の免役規定改廃への批判が出る。それは何かというと、歴史をさかのぼれば日本は家社会であって、家を存続することが最優先されないといけない。だから戸主や跡継ぎが免除されるのは当たり前というので、ある意味で歴史を楯にして戸主を免除するのは当たり前だと言えたのですね。ところがそうではなくて、逆に歴史をたどると徴兵は義務なのだから、戸主であろうが跡継ぎであろうが関係ないという話にかわるということは、非常に大きな発想の逆転になるはずで、単純に事実として歴史をさかのぼっているのではないと思うんです。

そうすると、そこをどう考えるかが一つの大きな問題だと思います。小関さんは、無所有とおっしゃいましたが、私はあくまで脱領有化、単に土地を持っているということではなく、要するに権力手段をだれもがもたなくなる、そういう問題なのだろう。そのこととも恐らくかかわってくるのかなと思ったので、少し発言いただければありがたいのですが。

奥村　今のことで、ちょっと説明が悪かったのかもしれないですが、義務を課して、それに対して権利を与えるという論理では、義務を与える義務内容と権利内容は相即しているという考え方は、基本的に消えているんですね。義務と権利の体系を全体化して秩序化させるための第三者としての天皇が必要となるわけで、実際の政治運営は官僚制自体によってそれを遂行しえるかどうかということになってくるわけです。ここでは具体的な政策遂行については、義務と権利の関係の規定性そのものを歴史的に説明する必要性はないんですよ。ただ、その義務と権利の体系性、全体性を天皇はなぜ与え得るのかというところに関しては、歴史的にしか説明ができないわけです。今まで歴史的に実践してきて、それが現在のところ国家のあり方としては一番よいという現実に関する認識からさかのぼって、それはなぜかというとこういう歴史があったからだと。そして歴史は未来に関しても続けねばならないという形で展開していきます。したがって議論の仕方としては、そういう論議をとって説明をしていっているのではないかと私は思うんですね。

それで小路田さんの今日の話を聞いて、一カ所よくわからないのは、天皇家そのものが、内部的に易姓革命を起こしながら展開していっているのだという議論は、たとえば近代の天皇制の話のなかとか、象徴天皇制に至る過程の憲法体制にどうつながるのかということです。確かに、そういう形で実際上、万世一系というのは単純でないという議論は非常におもしろいのですが、そういう議論のたて方を、逆にいうと近代天皇制を弁証するときの国体論のなかで果たしてどの程度展開しているのかという点がわからなかったのです。南北朝正閏（せいじゅん）問題のような形であらわれてくるように、内部的な易姓革命的要素が万世一系と対立する問題としてあらわれてくる動きが、近代の国体論をめぐって何度も起こってくるような気もするのです。小路田さんはその辺をどう考えるかを知りたいと思います。

小路田　僕は最近『神皇正統紀』に描かれた議論こそ、近代天皇制の最も中心的な議論ではなかったかと思うようになっています。簡単な例をあげると、三種の神器は大事だといいますね。なぜかというと、それに天照大神の霊（祖霊）が宿っているからです。特に鏡にですね。ということは、逆に天皇自身のなかに自動的に祖霊が受けつがれていくといったことはないということになります。天皇が鏡をみて、「ああ、私の祖先はかくも偉大だったのだ、自分も頑張らなくては」と、常に内省を繰り返すために三種の神器はあるからです。皇祖皇宗の霊はそれぞれの陵の中に眠っていて、代々の天皇の中に継承されているわけではないのです。だから、拝むわけで、事あるごとに天皇が山陵を参拝する理由がそこにあります。

『神皇正統記』も三種の神器のことは重視しています。その点では天皇を有徳・不徳の問われる人間君主として捉えている点に『神皇正統記』の最大の特徴はあります。だから逆に、天皇が不徳の天皇である場合には、易姓革命類似の現象がおきることを否定しきれないのです。それを皇統内革命（復古や維新）に読み替えるしかなかったのです。

しかし、そこで逆に、むしろその読み替えを積極的に行うことによって、天皇の人間性、人君としての有徳性をとりだしたのが『神皇正統記』だったと思います。

なぜ天皇が近代日本の主権者になり得たのか。古代以来の神話的権威だけでなれたのではありません。『神皇正統記』のような論理を用いて、天皇を有徳な人間天皇として論証することに成功したからだと私は思っています。そうした天皇だけが、「国民の真の代表」たりうる天皇だったからです。

だから近代に入って、天皇制が危機に瀕する度に、この国の政府は、『神皇正統記』的な天皇像を歴史の中から呼び出すことに必死になったのです。一九一一年には南北朝正閏論争を惹き起こし、繰り返し後醍醐天皇や楠木正成の偶像化をはかったのです。

敗戦後天皇が象徴天皇として国民統合の象徴として認識されるようになったのも、その意味では、決して唐突なことでなかったと思います。戦前の親政天皇と戦後の象徴天皇とは決して断絶した存在ではありません。ただし、天皇親政が否定されたことによって、かえって天皇が『神皇正統記』的論理からはずれ、人間天皇から遠ざかってしまった側面のあることも、否めない事実だとは思っていますが。少し逆説的すぎてわかりにくいですか。

政党政治の必然について

田中　『神皇正統紀』は小路田さんにいわれて読んでみたのですが、むしろ天皇親政の否定に読めるんですね。つまり、個人としての天皇はどうでもいいような、悪い王であろうが、いい王であろうが、主体としての天皇はどうでもいい。とりあえず皇室というものがあることが大事なのだと。だから一見、天皇政治を否定するようにみえるんですね。僕はそのことが、確かに近代天皇制の一つの問題だったと思うんです。
易姓革命の二元論的な、二項対立的な陰と陽の話を、ある種媒介する形で皇室というものがあるという場合に、普通、近代で考えると二大政党制を思いつくんですね。たとえば二大政党制は結果としては天皇はどっちにつくかというような話にもなって、最終的に一つになってしまうというような話があったと思うんですね。だから僕は二大政党制には（べつに皇室云々にかかわらず、多様性が守られにくいという点で）反対なんですが、そういう部分とこの話はかかわっているんでしょうか。

小路田　二大政党制が革命の体制内化、かいならしに大きな役割をもった制度であることは、私もそうだと思います。

尾崎　そろそろ時間がなくなってきました。最後にどうしても一言と言われる方がおられましたら……、では小関さんどうぞ。

小関　私が今日言いたかったのはそれほど難しいことではなく、ある意味、権利で人間の共同性をつくるのは難しいですよね。権利というのは突きつめれば、最終的に人が対立するものになっていかざるを得ないわけで、その権利を共有するにしても、その権利をおのおのが分有し始めると、やがて最終的に権利と権利が対立するようになっていくんですね。

それに対して義務というのは、基本的に何かに奉仕することですから、常に奉仕の対象があって、その奉仕の対象は観念的なものであれ実体的なものであれ、一つないし全体性をもたせやすいということがあると思うんです。多分そういう原理が働いているから、歴史的経緯としてそういう問題だけでなくて、原理的にそういう問題になるのじゃないかと考える必要があるのではないかというのが一つです。天皇の問題でいえば、大日本帝国憲法は主権者とは書いていなくて、「元首」と書いていて、それが統治権を総攬するというわけです。これは何か意味があるのだろうと僕は考えています。「神聖」にして侵すべからざる天皇というのは本来主体的な統治権者にはなじまない。それを無理に主権者に据えようとすれば、なぜ「神聖」な天皇は統治してよろしいかという証明不能な難題に終始直面しなければならなくなり、最終的にその正当性の根拠は歴史の彼岸に消えていかざるを得なくなってしまいます。ここから二つの方向性が現われ、その拮抗が固定化されていきます。つまり「神聖にして侵すべからず」だから文字どおり「親政」をしくべきだという議論と、もう一つは、「神聖にして侵すべからず」だから責任も問われる必要はなく、責任はだれかほかに負うべき者を置くべきだという議論です。半ば解釈改憲的にそういう解釈をする人もいれば、自ずとそういう解釈に流れていく場合もあるのですが、責任の主体は別置するということになれば、最終的には政党内閣制にいかざるを得ない。天皇の位置づけと、この二つの方向性との関連が重要だということを最後にいって私の発言を終わりたいと思います。

尾崎　ありがとうございました。時間が来ましたので、ここで終わらせていただきます。

論考

日本国憲法の最高法規性に対する疑問

顯原　善徳

はじめに

一九九〇年代以降、憲法改正論議が活発になっている。戦後もっとも改憲の動きが盛り上がっている時期である、との指摘もある。具体的な改正案も、少なからざる人によって提唱されている。

しかし、我々がややもすれば目をそむけてきた問題がある。日本国憲法には、その最高法規性に対する疑念とシニシズムが、つねについてまわっていたことである。それは、憲法違反の事実が認められるとか、憲法の規定と現実との間にズレが生じている、といったような現象のためばかりではない。

第一に、「護憲」対「改憲」といわれるが、いわゆる護憲論者も、まったき意味での「護憲」論ではない。すなわち、しばしば指摘されてきたことだが、護憲論者のいう「護憲」論とは、主に日本国憲法第九条の護持であった。他方で、たとえば天皇については改憲をしてもかまわない、ということを説いてきた。解釈の二重基準である。さらに、憲法典の文言にこだわるあまり、結局は憲法軽視の風潮をまねくことになった。

第二に、「国民主権」と憲法との関係にまつわる矛盾がある。「国民主権」を日本国憲法の基本原理の一つに数えながら、主権者であるはずの国民には改憲発議権が認められていない。また、憲法学者の多くは憲法改正限界論を説いてきたが、これは「国民主権」と矛盾する。そのさい、憲法学者が挙げる変更不可能な項目は、論者によってさまざまであり、一致をみていない。さらに、「国民主権」といいながら、憲法改正について論じることをタブー視してきた。いまさら「論憲」などということや首相が憲法改正を口にしただけで騒ぐこと自体、笑止なのである。護憲論者は、国民投票や明文改憲後の運用における国民の判断を信用してはいない。日本国憲法の成立を「革命」と称しながら、いったん成立した現行憲法については改正限界論を説く。否、改正限界論を主張するからこそ、「八月革命説」を支持してきたのである。戦前の大日本帝国憲法の規定とその運用を批判する傾向が強いにもかかわらず、憲法を「不磨の大典」とする点においては、変わっていないではないか、という疑問を持たれてもいたしかたあるまい。憲法論議を長らく封じようとすることによって、一方では神学論争がつづけられ、他方ではみずからが憲法の基本原理の一つに挙げる「国民主権」を形骸化してきたのである。

第三に、日本国憲法の出自の正統性に対する批判がある。いわゆる「押しつけ憲法」論である。現行憲法が大日本帝国憲法第七三条の改正手続に形式上はしたがっているものの、連合国最高司令官総司令部の強い指導と厳しい言論統制のもとで制定されたゆえ、無効である、との論である。あるいは、無効とまではいわないが、いずれにせよ自主的な憲法制定過程とはいいがたいゆえ、一度みずからの手で制定しなおすべきである、との主張である。たしかに、大日本帝国憲法から日本国憲法への移行過程は、自主的なものとはいいがたかった。帝国憲法の改正手続を形式的にふんでいるとはいえ、憲法制定の主体は、あくまで総司令部であり、極東委員会でも、ましてや日本政府でもなかった[1]。

しかし、私は、制定手続を以て憲法改正の根拠とすることはできない、と考える。すでに発布後半世紀を越える運用の蓄積が存在するからである。講和の直後なら、自主性を根拠とする全面改正の意味はあった。改憲論者は、しばしば日本の伝統や歴史に立脚しない現行憲法の規定（たしかに杜撰(ずさん)な文言があることは、すでに指摘されているとおりである）や制定手続を問題にする。しかし、半世紀以上にわたる運用の蓄積（すなわち歴史）がある以上、憲法制定過程の瑕疵(かし)を以て戦後の歴史を否定し去ることができないのは、あらためていうまでもあるまい。歴史や伝統を尊重せよと主張する論者は、戦後半世紀の歴史をも尊重することが求められるのである。

Ⅰ　日本国憲法の最高法規性をめぐる問題

しかしながら、日本国憲法に対するシニシズムの最大の原因は、その最高法規性が国際法との関係で問題となってきたことである。戦後の憲法論議が第九条に集中してきたことは、そのもっとも顕著なあらわれである。日米安全保障条約と日本国憲法第九条とは矛盾しないのか。矛盾するとすれば、日米安全保障条約と日本国憲法のいずれが尊重されるべきなのか、といった問題が、長く問題とされてきた。国際政治の常識や国際協調主義を持ち出す主張に対して、護憲論者は、日本国憲法の普遍性と先駆性を理由にして抵抗した。

このようなことが問題になること自体、戦後の日本では、日本国憲法と日米安全保障条約という二つの最高法規があったこと、あるいは少なくとも日本国憲法の最高法規性に対する疑念を払拭することができなかったことを示している。

国際法と国内法の関係をめぐる問題が、戦後の日本においては、国際法一般と国内法一般の関係よりも条約と憲法の関係をめぐって議論されることが多かったのは、このような実際上の問題を背景にしていたからであった。戦前においては、国際法一般と国内法令の関係が問題にされ、一元論が通説であったことと対照的ですらある。国際法と国内法は妥当根拠を異にした別個・独立の法秩序を形成しているとする二元論においては、国内における憲法の最高法規性は深刻な問題にならなかった。

戦後日本の憲法学界では、条約優位説と憲法優位説が対立してきた。[2] 日米安全保障条約の締結までは前者が、以後は後者が多数説になった。憲法の規定に抵触する条約が実質的な憲法改正の機能をはたすのは、憲法の最高法規性をそこなうものである、との警戒が、そこにはあった。九〇年代になっていわゆる「国際貢献」が問題となるが、そのさいに積極論を主張する論者や集団的自衛権の承認を主張する論者の多くが根拠として挙げたのは、日本国憲法第九八条第二項の規定「日本国が締結した条約及び確立された国際法規は、これを誠実に遵守することを必要とする」であった。すなわち、国際法の誠実な遵守を規定している以上、国際連合憲章や国際連合の決議を尊重し遵守する必要がある、との主張である。憲法第九条の審議過程において問題になったにもかかわらず、政府は国連加盟にあたって憲法を根拠にした留保を明らかにしなかったため、このような見解が一定の正当性を有していることは否定できない。

しかし、ことは単純ではない。もし、国際法が憲法に抵触した場合、憲法第九八条第二項を根拠にしてただちに憲法よりも国際法の執行を優先させるように主張するならば、単に国際法の誠実遵守を謳うだけのこの条項の素直な解釈と異なるものになるからである。

そもそも、憲法第九八条第二項は、いわゆる総司令部案にも第九〇回帝国議会に提出された帝国憲法改正案にもなく、衆議院における審議過程で外務省（萩原徹条約局長）の発案により挿入されたものである。帝国憲法改正案第九四条は、「この憲法並びにこれに基いて制定された法律及び条約は、国の最高法規とし、その条規に反する法律、命令、詔勅及び国務に関するその他の行為の全部又は一部は、その効力を有しない」というものであったが、衆議院における審議で憲法だけでなくそれにもとづいて制定された法律・条約をも最高法規とすることが問題になり、憲法のみを最高法規とするように修正されることになった。そこで、日本が条約をはじめとする国際法を尊重する旨の規定が欠けることは好ましくないとの見地から、第九四条第二項として挿入することが提案され、修正のうえ現行第九八条第二項となったのである。審議過程において、政府は、あくまで第九八条第二項は国際社会における日本の態度に対する反省と将来に向けての決意を表明した政治宣言である、と強調した。ゆえに、第九八条第二項は、国際法の国内的効力を規定したものでもなければ、国際法と国内法の効力の上下関係に関する規定でもなかった。過去への反省という政治的意図をもち、国際法の誠実な遵守を規定しているだけである。当然、不要であるとの意見や国際法と国内法の関係について明文化するべきであるといった意見が出されたが、政府はこれらをしりぞけた。後者の意見に対しては、将来の学説にゆだねるとした。このため、憲法施行後、国際法と国内法（特に憲法）との関係をめぐって、さまざまな見解が生じた。

それは、総司令部の意向と異なるものであった。総司令部としては、「法の支配」の原理のもと、政府機能の憲法による規制と憲法の最高法規性の確立が、第一〇章（総司令部案第九〇条）の主眼だった。しかも、憲法と条約の関係については、明らかに憲法優位の立場をとり、条約を違憲審査の対象にするものであった。ところが、総司令部が意図した「法の支配」の表現としての第一〇章の意味は、一部の議員を除いて日本側は理解していなかった。[3]

しかし、第九八条第二項の挿入を提案した萩原徹条約局長の意図は、政府とも総司令部とも異なるものであった。外務省案は、「日本が締結又は加入した条約、日本の参加した国際機関の決定及び一般に承認せられた国際法規はこの憲法と共に尊重されなければならない」というものであったが、[4]萩原は、国際法の国内的効力と国内的序列という法的意義をこの条文にもたせようと考えていた。萩原が記した文書によれば、彼の念頭にあったのは、国際法優位の一元論であった。戦前日本の国際法に対する姿勢を主権の絶対無制限の考え方によるものだと強調した萩原は、そのような考え方が条約軽視につながったと論じた。そのうえで、普遍的な国際秩序の国家に対する優位を説いたのである。[5]

同様のことは、かの「八月革命説」についても指摘することができる。大日本帝国憲法と日本国憲法の間に断絶を認めつつ憲法改正限界説にたつ以上、憲法改正権の限界を超えて制定された日本国憲法は無効である、と結論することになってしまう。そこで、国家の根本構造が変わった契機を帝国憲法の改正という国内的な事情に求めず、ポツダム宣言の受諾という国際的な事情に求めた。「革命」という制憲の理由づけは、まさにその表現であった。それは、国家の外部に正統性の根拠を求める姿勢であった。[6]宮沢俊義がその後条約と憲法の関係について条約優位説を説いたのも、この点において一貫している。

憲法第九八条第二項を根拠に積極的な「国際貢献」や海外派兵を主張することは、もしそれが憲法の規定に優先するものとして論じられるならば、萩原徹や宮沢俊義と同じ見地に立っていることになる。そして、それは日本国憲法制定当時の政府の意図とも実は同じものである。政府は、萩原が意図した法的意義を有する条文から政治的意義を有する条文へと修正し、法的問題については将来の学説にゆだねるとしたのであるが、第九八条第二項をあえて政治的宣言とすることで憲法の最高法規性を表面上そこなわないようにして、この憲法の上位にたつ条約や慣習国際法が存在しうる余地を残したのではなかろうか。そうでなければ、あれほど不要説が説かれたにもかかわらず、削除しなかった理由が説明できない。その意味で、政府は萩原よりもしたたかにその後の日本の行動を視野に入れていた、ということができよう。

日本国憲法を解釈するにあたって日本の外部にその枠組を求める体質は、宮沢俊義以後の護憲論者にも継承されていった。そのことは、たとえば、フランス革命に依拠した戦後日本の憲法学界における主権論にもみることができる。国民主権にせよ人民主権にせよ、我国の歴史から抽出した概念ではなかった。

日本国憲法に対する論評のなかで、第一〇章（特に第九八条）は不要とする論がある。憲法制定過程から不要説が少なくなかったが、近年の憲法改正論の具体案においても、第一〇章を削除しているものがある。しかし、右のごとき体質を有する以上、憲法の最高法規性を示すためにも第一〇章の規定は必要であった。現行憲法発布後、憲法註釈書のなかで第一〇章について論じた者の多くが、第一〇章を積極的に評価しない一方、それでも必要である、とどこか及び腰の註釈をしたのも、そのためであった。たとえば、憲法制定過程において、規定の意味が明瞭でないとの見地から原案第九四条不要説を唱えていた高木八尺は、憲法発布後も消極的な論評を加える一方で、必要な規定であるとの見解を示すようになった[7]。最高法規という本来なら自明のことを強調しなければ、憲法の最高法規性がそこなわれるからである。講和前は占領軍・総司令部の存在が、講和後は日米安全保障条約の存在が、現行憲法の最高法規性に対する疑念を醸成したのであった。

日米安全保障条約に対する反発から、条約優位説を否定して憲法優位説が多数説になっていったが、国際社会への一方的な依存という姿勢は変わらなかった。そのことは、日本の安全保障を他国や国連にまかせて、安全保障を自国の問題としなかったということに顕著にみられる。国際社会に信をおくといいながら、どこまでも日本が特殊な国家であると主張し、国際社会の常識（自国軍隊を用意し、場合によっては国際平和のためにこれを利用する）を無視する議論を展開しつづけた。この点において、吉田茂首相の憲法第九条提案理由（一九四六年六月二五日衆議院本会議）も、宮沢俊義の解釈も、同じであった。日本国憲法は軍隊を否認すると主張する宮沢俊義は、自衛隊を違憲とするが、国際平和が場合によっては武力によって守られなくてはならないことは認める。この矛盾を解決するために、国連軍や国際警察隊の存在は否認しない。国連と他国の軍隊に日本の安全保障をゆだねることを論じたのである[8]。また、日米安保体制を批判し平和論を説いた国際政治学者の坂本義和は、中立諸国の部隊からなる国連警察軍の日本駐留を提案した[9]。

その後、政府は、第九条のもとでも自衛のための最小限の軍事力を保持・行使することは許容される、との見解を示したが、特に「専守防衛」概念を案出してからは、安全保障に関する政策判断を回避する傾向が強くなっていった。その端的なあらわれは、自衛隊の海外派兵や集団的自衛権をめぐる態度にみることができる。

帝国憲法改正案の審議において、吉田茂首相は、第九条第一項が自衛権を否定していないとしつつも、第二項を根拠に自衛戦争を認めない解釈を示していた（一九四六年六月二六日衆議院本会議）。そして、集団的自衛権についての議論は、ほとんどなされなかった。集団的自衛権が大きな問題になり、政府の解釈がかたまっていくのは、サンフランシスコ講和条約・日米安全保障条約の締結および一九六〇年の安保条約改定をへる過程においてであった。集団的自衛権に関する政府（内閣法制局）解釈は、保有しているが行使できない、というものである。もし、集団的自衛権を行使する方針をとりそれを明確にしたいのなら、憲法解釈を変更することはできないゆえ改憲しかない、というのが、大方の見方である。それには、二つの方法が考えられる。一つは、集団的自衛権を無条件で認め、日米安全保障条約については双務性をもたせるという見解である。この場合、日本は米国本土が攻撃された場合の対処を考えなければいけなくなる。いま一つは、条件つきの限定容認論である。日本周辺の公海上で米軍が攻撃された場合、日本も軍事力を行使することになる。

同様のことは、侵略に対する「制裁」についてもいうことができる。国際連合憲章は、加盟国中に侵略戦争をおこなう国があることを前提にしており、集団的な武力制裁を規定している。当初は、「旧敵国」がその対象として想定されていた。かつて、憲法発布と同時に刊行された解説書において芦田均は、自衛の戦争と侵略に対する制裁のための戦争は第九条の適用外であると論じていた[10]。ところが、鳩山内閣の自衛権の合憲性に関する統一見解（一九五四年一二月二二日衆議院予算委員会）では、自衛権について述べるだけで、制裁には言及しなかった。以後、日米安全保障条約や自衛隊の合憲性と自衛権をめぐる議論に集中し、制裁に関する議論は、さしておこなわれなかった。湾岸戦争のさいに、日本はこの問題に直面した。日本の国内では、自衛隊の海外派兵について議論される一方、あくまで戦争は悪であるとしてこれに反対する議論が高まり、激しく論争がなされたが、それらは、「国際貢献」という言葉に表現されるように、他動的で事態に流されていることを示すものであった。

従来、「集団的自衛権は行使できるが、行使しない」という主張が真剣になされたとはいいがたい。護憲論者は、たとえ必要な措置でも違憲を理由にしてその実施に反対してきた。それに対して、違憲でも必要なら憲法にかまわず遂行するという立場もある。しかし、いずれの立場をとっても、現実と憲法の乖離から、憲法に対する信頼がそこなわれる結果をまねくことになる。その一方で、軍事化は現実に進行していき、判断回避のために法令やその解釈による拘束だけを強めて、結局有事のさいには有効な行動がとれない、というのが、戦後日本の姿であった。政治的・外交的判断を避けるために「護憲」を叫べば叫ぶほど、有事のさいの超法規的措置への誘惑を増大させることになるのである。現実に適合するように憲法を解釈・運用できなくなってもあくまで憲法改正を非とするならば、選択肢は二つしかない。憲法を無視するか、どこまでも護憲に固執して現実を無視するか、である。いずれの場合を選ぶにせよ、憲法の最高法規性がそこなわれることは、いうまでもない。

自衛隊も集団的自衛権の行使も合憲である、と明言できるのであれば、問題はない。しかし、憲法解釈が激しく対立したまま国際社会の常識や国際法を根拠にして憲法に抵触する措置をとることや、他国の要請に応じるかたちで他動的に憲法改正をおこなうことは、問題である。必要な措置をとらなければならない場面で神学論争をくり返すことにより何も有効な措置をとることができなくならないように、明文改正したうえで、制限的に運用するなり拘束を設けることが必要である。

そもそも、集団的自衛権の行使や多国籍軍への参加を認めることと、集団的自衛権を実際に行使することや多国籍軍へつねに参加することとは、異なるはずである。認めればただちに実施することにつながると考えるのはおかしい。このような短絡や集団的自衛権の承認是か非かといった議論がなされるのは、安全保障問題に関して政治的・外交的判断を回避する習性が根づいてしまったことの証左である。また、自衛権の有無にばかり議論が集中し、軍事力の行使に対する歯止めについて論じてこなかった結果である。

Ⅱ「非武装中立」論の「普遍性」をめぐる問題

政治的・外交的判断を避けようとする戦後日本のあり方を継続するという点においては、対米追随を唱える論者も、「非武装中立」を主張しつづける論者も、実は同様である。また、軍隊を保有しないとか条約を誠実に遵守するとかいうことで、過去への反省をすませたことになるわけではない。

戦後日本の平和論者を支配していたのは、日本だけが侵略者になりかねない、という発想であった。国連憲章中の旧敵国条項や日本が再び侵略戦争をおこなえないように軍事力を放棄させる必要がある、といった敗戦直後における認識と少しも変わってはいないのである。平和論者は、侵略戦争と自衛戦争の区別が困難であることを理由に、日本による他国への侵略を懸念しつつ（この点にかぎっては憲法制定過程における吉田茂首相や極東委員会における中国代表の発言と同様である）、日本に対する侵略の可能性については、念頭においていない。すなわち、平和論者は、武力を保有している外国については、その公正と信義を信頼しているにもかかわらず、日本が武力を保有することには、軍国主義の復活の懸念を示して、警戒してきたのである。「平和を愛する諸国民の公正と信義に信頼」という日本国憲法前文や第九条にみられるごとき、諸外国は本来国際紛争の解決を武力に訴えることや侵略戦争をおこなわない善良な国家であり、世界平和の攪乱者は日本のみである、との発想は、過去の行動に対する反省を示し好意的な目で諸外国から見られることを欲した敗戦直後ならともかく、現在では異常である。はじめから自己の判断能力を放棄した姿勢といってよい。

それでも、冷戦下において革新勢力や社会主義にシンパシーを有する論者が「非武装中立」を主張したことは、その当否は別にして、理解することはできる。当時の日本の仮想敵国は、ソ連などの社会主義国であり、「非武装中立」は真剣に「中立」を模索した主張ではなかったからである。国連軍が編成されないことを前提に、国連が助けにくることを言い、本音は降伏したらよいというのも、わかりやすい。「非武装永世中立」ではなく、実際には社会主義政権が樹立されるまでの「非武装」論にほかならなかった。

しかし、冷戦が終結すると、そうも言っていられなくなった。第一に、日本を攻撃する可能性のある国が皆無とはいえず、加えてテロの存在も注目を集めるようになった。冷戦下では東側をソ連が抑えていたし、仮想敵国は容易に特定できた。しかし、冷戦が終わり国際社会の多様化がさらに進むと、危機がどこから来るかわからなくなった。国際社会の多元性（主体の多元性もふくむ）をいう論者が少なくないが、それなら侵略的・好戦的な国家や相手国の攪乱を画策する集団の存在も否定できないはずである。大きな破壊力を有する兵器が比較的容易に入手できるようになり、それだけ国家の防衛が困難な時代になってきたなかで、もし個別的自衛権のみに固執するならば、軍備の際限なき拡張が必要となるのである。

第二に、侵略に対する「制裁」への参加（冷戦下の日本では、あまり想定されていなかった）も求められるようになった。冷戦終結は平和な世界の到来を意味せず、地域紛争が多発した。

ところが、冷戦終結後、いまだに「非武装中立」や「絶対平和」を説く憲法学者が少なからずいるのは、どうしたことであろうか。むしろ、冷戦下の平和論者に比べて、純化されたかたちで説かれている。いわく、日本国憲法は、「いっさいの」戦争・武力行使・武力威嚇を放棄し、軍隊の保持を禁じた。この「平和主義」は、立憲主義の基本原理である、と。憲法第九条を「非武装平和主義」と読むこの見解は、戦争放棄については、いっさいの戦争は第九条第一項で放棄されている、と解する厳格な一項全面放棄説をとり、国家自衛権自体を否認する自衛権否認説が第九条に適合すると主張する。ゆえに、護憲論の通説であった「武力によらない自衛権」論や改憲論が説く集団的自衛権行使論に対しては集団的自衛権否定論を、日米安保体制に対しては「非武装永世中立」を対置させる。非軍事の国連平和維持活動への参加は合憲とする一方、国連軍や多国籍軍への参加ならびに掃海艇の派遣も違憲であると否定し、自衛隊による避難民・在外邦人救助すらも違憲であると論じる。「護憲」の立場からこのように論じる以上、むろん改憲するべきであるとは述べない。むしろ、戦後平和論が創造した理論（非軍事の平和的生存権論・武力によらない自衛権説や自衛権否定説・非武装中立論）は、世界的にも普遍化されるべき価値がある、とさえ主張するのである[11]。

しかし、「非武装永世中立」は現実には不可能であり、矛盾を内包する主張である。すでに帝国憲法改正案の審議過程において高柳賢三が指摘しているように、中立国も中立をまもるために武装が必要であるし、なによりも他の諸国の承認が必要となるからである。そして、中立国には厳しい義務の遵守が求められるし、いかに中立を宣言しても、侵略を免れない場合もある。「非武装中立」論は、中立国としての一定の軍事的措置や中立国の義務の遂行をまじめに考慮しない主張である。

憲法第九条については、平和論者や護憲論者によって、現在でもしばしば「世界に誇るべき非武装条項」という説明がなされる。たしかに特殊な規定とはいいがたい第九条第一項とは異なり、第二項は、世界に類をみない条項である。特殊だから否定するべきだとは、ただちにいうことはできない。問題は、平和論者がこの特殊な条項を世界に広めるべきだと主張してきたこと（「九条輸出」論）である。

しかし、このような主張には同意しがたい。第一に、我国においてこれだけ解釈をめぐる論争が展開されてきたにもかかわらず、このような第九条を他国に輸出するとは、あまりに安易な発想である。仮に輸入してくれる国家があるとして、その国に混乱をまねくだけである。みずからの解釈のみを正しき解釈とする狭隘な思考がなければ、このような「九条輸出」論は主張できない。自衛隊が違憲であれなんであれ九条への意思があればよいとする平和論者[12]の発想を共有してくれる国が世界を埋め尽くすことはあるまい。なぜなら、解釈をめぐる対立がつづけられてきたことから目をそむけて、明文改憲するぐらいなら第九条と自衛隊の存在という現実との乖離があるままの方がよいとするのは、憲法の規範としての力を殺ぐことになるからである。また、もしすべての国家が輸入したら、その結果国連軍などはなくなるから、「平和憲法」の輸出による世界の平和などという論は、たちまち矛盾することになる。テロや違反者に対処できなくなるし、国連軍は加盟国の軍隊によって構成されるからである。この意味で、「非武装中立」論は、冷戦後こそその正当性を喪失したというべきなのである。

第二に、特殊であり続けたい願望がそこには見えている。第九条を輸出したいなどというのは、実は嘘である。日本だけが特殊であるという前提でなければ成り立たない議論だからである。なぜなら、日本の安全保障が脅かされたときには、国連や他国あるいは平和愛好勢力なるものが守ってくれることを前提にしているからである。日本と同じく他の諸国も「平和を愛する諸国民」に信頼して、他国（すなわち日本）がテロや平和愛好勢力の外側にいる国家などの攻撃により危殆に瀕しても派兵しなくなったら、日本を救援する軍事力は存在しないことになる。もし「非武装中立」や「第九条の輸出」を本気で唱えるならば、国際組織や他国が救援に来てくれるという意味での他国の信義は想定外のはずであり、日本の安全保障が脅かされることは絶対にない、と言い通さなければならない。この意味で、平和論者の主張は、徹底できない弱点を有しているのである。

それにしても、特殊な第九条第二項が普遍的な条項であるとは、いかなる論法であろうか。平和論者がいう「普遍性」とは、諸国家の歴史的経験から抽出された普遍（多元性のなかに見出された普遍）ではなく、あくまで未来に視点をすえた普遍に関する語りであった。将来どの国家もめざすべき人類共通の普遍であるゆえ、他国にも受容されるであろう、という妄想を抱いたのである。「特殊＝普遍」とは、あるべき未来に視点をおくから可能な論法なのである。「非武装中立」国に攻撃を加える国家や集団は存在しないし今後も登場することはない、という前提も、そのあらわれである。

前述したように、冷戦下における「非武装中立」論は、真の意味での中立論ではなかった。そして、国際情勢についての彼らの見方も、希望的観測と現象の一面的な強調にいろどられ、冷静な現状分析を当初から放棄するものであった。論者に都合のよい現象のみを強調するゆえ、現実との緊張にたった理想主義とも異なるものであった。理想主義は現実との緊張を有するからこそ、現実主義との対話を可能にするのである。そして、みずからの願望を現実と混同し、ハンガリー動乱のような予想外の現実に直面すると動揺する、というのが、冷戦下における「非武装中立」論の姿であった。

このような平和論者の超越論的思考は、冷戦下にかぎらず現在においても変わっていない。このような体質をもったまま、湾岸戦争のさいに、「普遍的な」日本国憲法第九条を理由にしても諸外国に相手にされなかったのは、当然である。日本の平和を世界全体の現象とみる戦後日本の平和論の特徴が、その背景に横たわっていたのである。

このような問題が起こるのは、憲法を理念や理想を記した文書と理解するからにほかならない。本来、憲法は、恣意的な権力行使ができないように、多くの人々が納得できる手続による権力行使を定めた基本法である。[13]しかし、憲法を理念や理想を記した文書と考えるから、現実と理想が乖離するのを前にして、現実に適合するように明文改憲をおこなうべきであるとか、憲法改正制限論の見地から第九条の改正不可を説いたり現実を日本国憲法に近づけよ、といった論争が延々とつづいたのである。あげくのはてには、憲法が謳う理想と現実は異なるのが当然である、とさえいう論者もいる。こうして、憲法はその理想を支持しない者からすれば空疎な文書になり、憲法の最高法規性に対するシニシズムをまねくことになったのである。

Ⅲ　議院内閣制と国家をめぐる問題

憲法に関する誤解は、理念や理想を書き記したものだ、という理解だけではない。実は、政府の権力を抑制して人々の人権を保障するのが憲法の目的である、という常識も、疑う必要がある。なぜなら、統治権力だけでなく国民の欲求も恣意的である点においては、同じだからである。人々の私的欲求を直接政策に反映させ、国家全体の利益と個々人の私益とを混同しないようにするのが、憲法のもう一つの目的なのである。権力行使の手続を定めるとは、このこともふくまなければ意味をなさない。戦後の日本では、私的領域への権力の介入を排除することばかり説き、公的領域へ個々人の選好が直接反映するのを防ぐことは、あまり考えてこなかった。それが現在における議院内閣制の機能不全となって噴出してきている、ということができる。

日本国憲法第一〇章を「法の支配」原則の確立をめざしたものと正しく理解した蠟山政道は、第九七条「この憲法が日本国民に保障する基本的人権は、人類の多年にわたる自由獲得の努力の成果であつて、これらの権利は、過去幾多の試練に堪へ、現在及び将来の国民に対し、侵すことのできない永久の権利として信託されたものである」について、次のように解説している。すなわち、「こゝに「信託された」とあつて、単に賦与されたといはない理由は、かつての自然法学説が単純に個人の有する絶対的な天賦人権を唱道したのとは異つて、権利の相対的性質と社会的機能とを経験してゐる現代においては、基本的人権と雖もそれは社会的な公共的な福祉のために利用されねばならぬ責任を負うてゐるものとして個人に賦与されてゐるからである。こゝに「信託された」といふ理由があるのである。しからざれば、基本的人権は、各個人もしくは各集団の個別的利益の伸張の根拠とされ、その結果として生ずる闘争の武器としてのみ利用され、憲法の目的は阻害されてしまふであらう。基本的人権の保障は国民の幸福と福利のためにあるのであつて、その逆の結果を齎らすためではないのである。こゝに基本的人権が「信託された」意義がある」[14]と。我々は、「個別的利益の伸張」による深刻な「闘争」こそ経験しなかったものの、逆に「個別的利益」を過剰に政策へ反映させて実現させる弊害に直面しているのではなかろうか。

現在の日本の議会制において、もっとも大きな問題の一つは、統治の専門家（政治エリート）の不在である。なぜ、このようになったのか。

被治者は同時に統治者であるとか、自己統治などという美名のもとに、統治者と被治者の区別、政治家（代表）と有権者の区別を忘れたからである。そして、被治者の私的欲求をそのまま政策に反映させ、多数決の名のもとに実現させようとするようになったからである。

戦後の日本国民が期待した国家の役割は、利益誘導であった。その結果、利益誘導型の政治家を選ぶことになった。少なからぬ国民が国家をたかりの対象としてきた結果、行政機構の拡大や官僚の自由裁量領域の拡大ならびに財政赤字（それにともなう国民負担の増大）をもたらした。福祉の受益者の立場では、国家の構成員たるみずからへの国家予算や行政サーヴィスのばらまきを要求するくせに、同時に負担者であることを忘れる。受益者であるとともに負担者であることを忘れ、自分以外の誰かが費用を負担するであろうという安易な姿勢で行政サーヴィスを求めてきたのである。すなわち、国家はみずからとは別の存在としてたかりの対象と考えるのである。この結果、政治家すなわち議員は国家予算を選挙区に誘致し、官僚がそれを支援することになる。議員は票を官僚は組織や権限の拡大を手に入れる。議員が利益配分を安定的におこないつづけるためには、そのための政策を立案・執行する行政組織の安定が必要とされたのである。

憲法学者が説く直接民主主義も、このような現象を後押しする主張であった。彼らは、直接民主主義をあるべき姿だと説いたり、実際には直接民主主義が不可能ゆえ間接民主主義をとっているとしても選出された議員は「半代表」である、と論じた。直接民主主義が本来あるべき姿であるという主張は、代表制を否定するものであるとともに、自己の私的欲求を政策に直接反映させることを称揚するものである。

国民の多様な選好を確実に実現することをめざせば、政府の役割は当然増加する。政府の役割が増えるにしたがい、複雑な法制が積み上げられていく。そうすると、立法権と予算議決権を以て行政に影響力を行使するはずの議会や政治家は、専門化していく行政を把握できなくなる。こうして、統治の専門家であるはずの政治家が、現在の日本では素人化した。そして、私的領域における人々のさまざまな諸要求を反映する場として政治領域をとらえることが、当然の前提とされるようになっている。個々人がそれぞれの利益を追求する私的領域と国家全体の利益について理性的に協議・決定する公的領域との区別が、曖昧になってしまっているのである。

その結果、政治家は世論なるものにおびえる存在となった。政治不信が流布し、選挙のたびに投票率が低下すればするほど、政治家は世論調査の結果に敏感になり、みずからに対する支持の指標にするようになった。

では、なぜ、こうなったのか。第一に、国民に統治の正当性の源泉を求めた結果、こうなったのである。統治の源泉が神でもなく慣習でもなく国民に求められれば、私欲を追求するために公益や国民の名を口実にする結果となる。そもそも、「国民主権」といいながら、戦後の知識人の多くは、国家・政府と国民とを対立するものとしてとらえ、反体制の奨励すらしてきた。しかし、国民は一枚岩である、ということはできない。実は、自分が社会のなかでマイノリティであるという自意識と感覚を多くの人々が有していることが、このような単純な図式を支えたとさえいえる。この結果、自己の欲求の実現や保護以外に国家の存在価値を認めず、政治家に対する揶揄が蔓延するようになった。

第二に、人による支配に対する法による支配という考えが粗末にされた結果でもある。単なる権力の制限だけでは不十分であり、人々の欲求を満たすための恣意的な権力の行使を防ぐための拘束が必要なのである。二院制も権力分立も、「民意」への強い懐疑から工夫されたものである。したがって、私は、安易な参議院廃止論に賛成することはできない。権力分立論の狙いは、立法・行政・司法三権の分割ではない。諸政治勢力の影響範囲を保障して相互に均衡させ、人々の自由を保障することである。それは、権力を行使する人間は権力の濫用の誘惑から抜け出せない、ということを前提にするものであった。

高度の政治的関心や強い政治意識を有した「公民」なるものは、実はそれを説く論者の願望にすぎない。本来、人々は日々の生活に忙しく、あらゆる問題に深い関心をもち、慎重に検討したり考察を加えることはできない。したがって、国民の単純な多数決に国政上の決定をすべてゆだねれば、賢明な判断を期待できないことになる。ゆえに、首相公選制は好ましくない。内閣と国民は、議会を仲立ちにせずに直接向き合うべきではない。なぜなら、単純な選択肢を国民に示して選択させることは、熟慮したわけでもない政治的選好を直接統治過程に反映させることとなるからである。

統治には、どうしても専門家の知識と判断が必要である。だが、統治の専門家とは、この場合官僚のことではない。官僚の権限が大きくなった行政国家においては、官僚はみずから主張するのとは異なり、「公益」を体現できない。それは、単に民選でない非選出勢力だから、というだけではない。政府の役割が増大するということは、それだけ行政組織の専門分化が進行することを意味するからである。国家の役割のリストが増加すれば、専門家ですら制御できないこととなる。個々の分野においては、官僚は、専門的技術・情報を有しているという点では、他の者に劣らない。しかし、ある分野の専門家は他の分野については素人なのである。それにもかかわらず、官僚が「公益」を主張するなら、その「国益」や「公益」とは、主観的なものでしかない。しかも、行政の専門分化が進行しているため、複数の主観的な「国益」（実は省益）が対立することになる。国民がみずからの利益を公益と混同すれば、自称公益どうしのはてしない闘争が展開されかねないのと同様に、特定分野の専門的知識と技術を有する者が統治の担い手として公益を主張してはならないのである。官僚が自己の意思を無謬のものとみなしたときに、誤りをおかすのである。

官僚が公益を主張できる条件は、二つである。一つは、君主に統治の正当性の源泉があり、官僚がそれに直属している場合である。いま一つは、国民の私的欲求を何もかもとりこむということをせずに、政府のはたす役割がかなり限定される場合である。誰が政治家であっても、官僚が相互に対立しない統治の実働集団として行動できるほど小さな政府の場合である。

しかし、だからといって、素人に官僚の統制や国家の統治を任せるのがいいのか、という問いを発することは、ナンセンスである。政治家による官僚の統制・監督＝素人政治というのは、おかしい。政治家は統治の専門家だからである。その意味では、二世・三世議員の存在は、それ自体は批判するに値しない。政治エリートとしての技術を世襲すれば、むしろ望ましいとさえいえるのである。

ただし、統治の専門家を合理的に選べる全能者は、この世には存在しない。ゆえに、選挙によるしかない。人への信任というかたちの選挙をへて選出された統治エリート（当選後は選挙民に拘束されない純粋代表）が必要となるのである。

では、どうすればいいのか。そのためには、統治者と被治者を区別し、被治者のさまざまな私的欲求を確実に実現する体質を変えなければならない。地方の権限を拡大し、税や予算も自前にする地方分権化もそのための手段である。地域的利害は、その地域で直接表明し解決すればよいのである。

そして、統治の専門家によって重要政策の立案と行政事務の総合調整ならびに行政機関に法律を執行させこれを監督する執政（内閣の本来の機能）がおこなわれ、このような内閣の執政を議会が監督する必要がある。内閣は各担当省庁の責任者たる閣僚（省益の代表）の集合ではなく、政策体系を構想し政治的意思の形成と決定をおこなう主体としての合議制機関でなければならない。そのための議院内閣制である。議院内閣制とは、立法と行政の一体化による統治の安定を目的とするものである。戦前に美濃部達吉が議院内閣制を説いたのも、この目的のためであった。したがって、問題は、首相公選制に代表されるような法制度改正による内閣総理大臣の指導力の強化よりも、むしろ内閣という合議体の実効性をいかに本来あるべき姿にするか、なのである。

ただし、これが機能するためには、二つの条件が必要である。一つは、政権党の政治家が内閣のみならず行政府にも入り込み、政権党の意向が内閣の方針と一致することである。戦後の自民党政権のように、政策の立案と実施をめぐる与党と行政組織との非公式な調整の過程は廃する必要がある。いま一つは、権力の過剰な融合を防ぐために、強力な野党が存在することである。

「小さな政府」の名のもとに政府の権限の縮小ばかりを唱えるよりも、人々の多様な選好や欲求を政治へ直接反映させることから改めなければならないのである。[15]

おわりに

戦後の少なからざる知識人は、国家と政府を同一視し、アジア侵略と敗戦は国家すなわち政府が悪かったとのイメージを国民に植えつけてきた。憲法前文の「政府の行為による戦争の惨禍」という文言は、それを裏づけるものに思われた。そして、戦前日本の歴史は誤りであったということが強調された。また、フランス革命に依拠した戦後憲法学の主権論にみられるごとく、人民による直接民主制が望まれるあり方である、との議論がなされた。この結果、国家を人民と対峙する存在とみなし、国家を彼岸へ押しやることとなった。

そこに欠けている視点は、戦前と戦後を通じた憲法上の課題は何か、を考えることである。戦後の日本では、大日本帝国憲法にせよ日本国憲法にせよ、憲法の条文に対する批判をすれば能事終われりとする姿勢が強かった。そして、多くの憲法学者は、大日本帝国憲法と日本国憲法とを対比して、前者の欠陥を挙げる。しかし、それらは、帝国憲法とその運用に対する誤った理解にもとづくものであった。

では、いったい何が連続した課題で、何がいまだに解決されていないのか。そのもっとも大きな課題は、議院内閣制をめぐる問題であった。帝国憲法では内閣に関する規定は存在していなかった。議院内閣制を説いた美濃部憲法学がしばしば「解釈改憲」と呼ばれるのは、そのためである。日本国憲法では、大日本帝国憲法に比べて内閣総理大臣に強い権限を与えたはずであった。しかし、実際には、そのように運用されていないことは、少なからぬ論者によって批判されているとおりである。なぜ、日本国憲法では内閣に関する章を設けて首相に強い権限を付与したはずなのに、このようになったのか。また、なぜ日本国憲法になっても議院内閣制が十全に機能しなかったり、行政組織の割拠性が改善されなかったのか。日本国憲法と対比して大日本帝国憲法を思いこみによって批判したり、逆に日本国憲法の条文の拙劣さをあげつらうだけでは、これらの問いに答えることはできない。

さらに、国家の相対化がいわれるようになった。歴史学においても、過去における非国家的な現象や言説を探し求めては国家の相対化の証拠とする傾向がある。しかし、国家の相対化は、実は多くの国民の意向に反するものである。なぜなら、右にみたように、国家へ依存してきたからである。しかしだからといって、国家の重要性を主張する論者も、注意が必要である。国家を何か目的を有する主体とみなすならば、やはり行政機構と行政課題の肥大化をもたらすからである。

しかし、考えるべき問題は、そのようなことではない。国家を彼岸へ押しやったまま、国家をたかりの対象とみなして、国家による保護を人々が求めたことである。国家の相対化も行政国家も問題を有するのであるならば、人々の私的生活領域と国家の公的領域とをいかに両立させるか、を考えることが必要になる。権力による私的領域への介入を制限するとともに公的領域への人々の選好の反映を制約することである。統治者と被治者の区別は、そのために必要なのである。

受益者たらんとしながら負担者になろうとしない姿勢は、国際社会との関係についても同様であった。日本の安全保障が脅かされる場合は、国際社会の成員として保護の期待をもちつつも、日本が侵略への「制裁」に加わることは、問題外とされるようになっていった。そもそも、国際社会なるものについての考えが恣意的であり、一方的なイメージで語られがちであった。その結果、ともすれば他国の行動に対する冷静な考察と理解を喪失し、あるべき普遍の視点から、情緒的な論評をすることとなった。ある場面ではアメリカ合衆国と国際連合を重ね合わせたかと思えば、ある場面ではアメリカと国連・国際社会が対立するものとみなして、「対米協調か国際協調か」といった問いを発するようなことになった。つねに日本の外側であるべき国際社会が自然と形成・維持されているかのような錯覚があった。多くの国家が国益の見地からみずからの判断にもとづいて事態に対処するなかで、国際社会そのものに対する絶望が我国のなかに醸成される基盤をつくっていはしないだろうか。ある時期にはグローバリゼーションを称揚し、ある時期にはそれを批判して国柄を強調する。極端から極端への振り子の振動は、みずからを特殊な国家とみなし、他方で日本国憲法を普遍の先駆と主張することで現実を彼岸に置き、願望と批判に終始することにその原因がある。

1　長尾龍一『思想史としての日本憲法史』（信山社、一九九七年）。

2　このほか、政府見解でもある、条約の性質に応じてその扱いを考えるという立場がある。齋藤正彰『国法体系における憲法と条約』（信山社、二〇〇二年）。

3　新正幸「憲法九八条二項立案過程の分析」（一）（二）（福島大学『行政社会論集』第一巻第三・四号、第二巻第二号、一九八九年）、同「憲法第一〇章「最高法規」の立案過程」（新正幸・鈴木法日児編『憲法制定と変動の法理』木鐸社、一九九一年）を参照。

4　佐藤達夫著・佐藤功補訂『日本国憲法成立史』第四巻（有斐閣、一九九四年）。

5 「憲法第九拾四条（最高法規の規定）の修正と国際的影響について」（『入江俊郎関係文書』四七―17、国立国会図書館憲政資料室所蔵）、「憲法第九十八条第二項成立の経過に付て」（外務省記録マイクロフィルムA'―0092、外務省外交史料館所蔵）。なお、新正幸前掲論文も参照。

6 ただし、これはあくまで大日本帝国憲法から日本国憲法への移行に関する法的な説明である。宮沢俊義の「八月革命説」は、日本国憲法を正当化するための学説ではなく、日本国憲法の成立事情を告発し批判したものであり、アメリカの力を前にした絶望的な無力感こそが、戦後の宮沢をして徹底した「護憲」論者のごとくふるまわせた、との評価がある。長谷川三千子「宮澤俊義「八月革命説」の逆説」（中西輝政編『憲法改正』中央公論新社、二〇〇〇年）。

7 高木八尺「最高法規」（国家学会編『新憲法の研究』有斐閣、一九四七年）。

8 宮沢俊義著・芦部信喜校訂『全訂日本国憲法』（日本評論社、一九七八年）。

9 坂本義和『新版核時代の国際政治』（岩波書店、一九八二年）。

10 芦田均『新憲法解釈』（ダイヤモンド社、一九四六年）。

11 澤野義一「平和主義論の50年」（樋口陽一ほか編『憲法理論の50年』日本評論社、一九九六年）。なお、山内敏弘『平和憲法の理論』（日本評論社、一九九二年）、浦田一郎『現代の平和主義と立憲主義』（日本評論社、一九九五年）、家正治ほか『国連・安保・平和憲法』（えるむ書房、一九九五年）も参照。

12 水島朝穂『武力なき平和――日本国憲法の構想力――』（岩波書店、一九九七年）。

13 近年では、プロセス的憲法学という立場にたって、憲法は最低限の手続きを定めた基本法とする見解がある。松井茂記『日本国憲法』第二版（有斐閣、二〇〇二年）。

14 蠟山政道「最高法規」（同編『新憲法講座』第三巻、政治教育協会、一九四七年）。

15 以上述べた私見と同様のことを論じたものとして、山口二郎「現代日本の政官関係」（日本政治学会編『現代政官関係の形成過程』岩波書店、一九九五年）、阪本昌成「議院内閣制における執政・行政・業務」（佐藤幸治ほか編『憲法五十年の展望』Ⅰ統合と均衡、有斐閣、一九九八年）、長谷部恭男「民主主義国家は生きる意味を教えない」（紙谷雅子編著『日本国憲法を読み直す』日本経済新聞社、二〇〇〇年）を挙げておく。

編集後記

今から五八年前、多くの人々が、日本の敗戦という歴史的事件を体験した。この共有体験を前提として、新たな法秩序として日本国憲法は提示され、日本社会において共有されていった。歴史学においてもまた、このような共有体験を前提にして、敗戦にいたる世界史のあり方について学派を越えて議論が展開され、様々な成果が生まれた。私は、戦後歴史学とは、まずなによりも、このような共有体験を歴史学として昇華させようとした多くの歴史家の学派をこえた試みであったと考える。このような方法をとったがゆえに、戦後歴史学は、現在定説とされている歴史認識の枠組みを作り上げ、敗戦の意味を歴史的に問おうとする社会の中で大きな影響力をもつにいたったのである。その意味で戦後歴史学と日本国憲法は、広範な人々が、共有体験を共通認識化していこうとする強い意志の上に形成されていたのである。

最近、戦後歴史学とはなにかということを、歴史学界は盛んに議論するようになった。これは、現在、憲法や教育基本法の問題が議論されていることと無関係ではない。敗戦時ほど急激なものではないにしろ、それに匹敵する大きな社会変動のなかに私たちは生きている。皮相的に憲法を論じるのではなく、憲法を深くとらえ返してみようとする動きと社会を歴史的に問い直してみようとする動きは共通するからである。敗戦という共有体験から生まれた戦後歴史学の成果の上に立ちながらも、現代社会に対する共通認識を基礎とした新しい歴史学の枠組みが必要とされているのである。

しかしそのことは簡単ではない。戦後歴史学をささえた敗戦という強烈な体験にくらべると、私たちの日常は相互に共有しにくいものである。それを共有化しようとするなら、敗戦時以上に、意識的な働きかけが求められる。しかしながら、現在の歴史学において、働きかけを可能とする方法も、そのための具体的な実践も十分ではないからである。

私たち編者は「憲法」という対象を正面からとらえることによって、この問題に挑んでみようと考えた。憲法が、人類の歴史的経験を一国レベルで整序し、一定の共通認識とすることなくしては存立し得ないものである以上、これを対象にした議論は、多くの歴史研究者に開かれたものであり、そこから新たな共通認識を形成しうると考えたからである。

本書を準備する過程での検討会や編者間の議論のなかで、報告者やシンポジウム討論者の間に憲法に対する考え方にかなり幅があることが明確となった。にもかかわらず、憲法というかたちで表現された諸事象について分析を深めたことによって、当初考えていた以上に、多くの共通した問題群を析出することが出来たし、それを基本に議論を展開しえたと考えている。しかしそのことは、なお憲法が提起する問題群の深さを、その縁から覗いた以上のものではないであろう。この問題群について研究を進め、さらに議論を深めていきたいと考えている。多くの方からご批判をいただければ幸いである。

なお本書の最後に掲載した纐原善徳さんの論考は、シンポジウム当日の発言で十分意を尽くせない部分について、報告者に対する批判としてお願いしたものである。シンポジウム全体のねらいとはかなり異なる視角と評価に立つものであるが、合わせて掲載した。また本書の作成にあたっては、シンポジウムの司会を引き受けて頂いた尾﨑耕司さん、参加者の方々、編集を担当された、ゆまに書房の吉田えり子さんと宮里立士さんから、様々なご協力を頂いた。あらためてお礼を申し上げたい。

二〇〇四年四月

奥村　弘

【シンポジウム参加者】

小路田泰直(こじた・やすなお)　奈良女子大学
奥村　　弘(おくむら・ひろし)　神戸大学
小林　啓治(こばやし・ひろはる)　京都府立大学

纐原　善徳(えばら・よしやす)　日本学術振興会特別研究員
尾﨑　耕司(おざき・こうじ)　大手前大学
小関　素明(おぜき・もとあき)　立命館大学
住友　陽文(すみとも・あきふみ)　大阪府立大学
田中　希生(たなか・きお)　京都府立大学(院)博士後期課程

いさな叢書3

憲法と歴史学 ── 憲法改正論争の始まりに際して ──

2004年6月4日　初版第1刷発行

編　集　小路田泰直　奥村 弘　小 林 啓治

発行者　荒井秀夫

発行所　株式会社　ゆまに書房

〒101-0047　東京都千代田区内神田2-7-6

電話　03-5296-0491（営業）　03-5296-0492（編集）

印　刷
製　本　藤原印刷株式会社

ISBN4-8433-1178-2　C3021

定価はカバー・帯に示してあります。

落丁・乱丁本はお取り替えいたします。